日本古代仏教の福祉思想と実践

宮城洋一郎【著】
Yoichiro Miyagi

岩田書院

日本古代仏教の福祉思想と実践　目次

序　章

日本の福祉思想とその実践は古代から現代へとつながり、多様な課題を提起して今日に至っている。とりわけ仏教徒による思想と実践の積み上げは、枚挙にいとまがないほど、数多くの実績を刻んできた。本書においては、その成果を古代仏教に焦点を当てて考察していく。仏教伝来以来、日本社会に宗教としての仏教が理解され、定着していくには幾多の試練が突きつけられていた。そうした中で、仏教徒が紡いだ福祉思想とその実践は、多くのところで人々の意識の中に醸成されてきたのであった。

すでに明らかにされてきたように、今日、「社会福祉」と「福祉」の用語を厳密に区分して使用することが前提となっている。戦後、日本社会に社会福祉制度が定着し、多方面において顕著な成果を浸透させてきた。これにより、「社会福祉」の用語が歴史的前提を議論しないまま使用され、あたかも悠久の歴史の中で展開してきたかのように理解されてきたところもあったようだ。そこには、社会的に弱い立場に置かれた人々への同情心や思いやりといった感性的な側面からの理解が社会福祉と受けとめられてきたところもあった。無論そうした心情の広がりが社会的な波及効果をもたらし、国民的な支援等につながることを無条件に否定することはできない。しかし、歴史用語として「社会福祉」を捉え、今日の社会問題を解き明かしていくためには、いくつかの手続きが必要であり、そうした議論を積み上げることで、今ここに提示しようとする日本の古代仏教からのアプローチを可能とすることになる。

そこでこのような議論のための第一歩として、社会福祉と福祉の用語上の相違点を確認していくことからはじめたい。周知のように、社会福祉は、二十世紀を前後する段階において資本主義生産の拡大にともなう社会問題の発生をとおして明らかにされた政策課題であり、貧困問題をはじめとする困難な課題に、国家的社会的責務を掲げて取り組んできたのであった。

こうした段階に至ることで、慈善事業、感化救済事業等の用語ではくくれない状況を生み出し、社会主義につながると忌避された「社会」を冠する「社会事業」を表に出して取り組まれてきた。これによって、戦後の社会福祉へとつながる道筋が開かれていく。

このながれを一方にみて、それでは近代以前にあって社会的諸問題への関心や取り組みはどうであったのだろうかという問いが必然的に起こってくる。言うまでもなく、度重なる自然災害や苛酷な税収奪にともなう困難な課題などは、厳しい権力支配にさらされてきた前近代の社会問題であった。ただ、千数百年に及ぶ前近代社会においては、さまざまな歴史段階ごとに現出する問題は多岐にわたり、これらと向き合う仏教徒の実践活動をはじめ、幾多の救済施策は一様に論じられないことである。

そこで、筆者は古代仏教をフィールドに置き、『日本書紀』所載の記事の検証から九世紀初頭の最澄・空海の段階までを対象に、福祉思想とその実践の足跡を改めて検証していこうと考えた。そこには、仏教理解を基礎に培った人間観と社会的な問題に向き合う思想的営為と実践者の思いが所在したのである。それらをそれぞれに分析、検討することは、日本の歴史全体に通底する仏教精神とその具体的あらわれである慈悲の心情が確かな足跡として刻まれ、文化の形成の主要な柱となり得るのではないかと考える。そこで、このような視点に立って、福祉思想と実践が意味するところをここで明らかにしていきたいと考える。

先述したように社会福祉と福祉は分けてその意味を考えるべきである。社会福祉は先に提示したとおりであるが、では、福祉はどのような意味を持つのであろうか。社会を冠しないことの意味を考えたい。つまり、社会を冠することで、二十世紀を前後して表出した資本主義生産の諸矛盾から導かれる問題解決の道筋があるのにたいし、それを冠しないことで、福祉の字義そのものから導かれるところをまず述べておくべきであろう。

一般的な福祉の字義は、福も祉も同じように「さいわい」を意味し、「しあわせ」「幸福」などの意味を持ち、そこから welfare の訳語としても用いられるようになったとされる[1]。

したがって、福祉の意味は、人々の心情や生活などを包含した「さいわい」と捉えられ、幅広く理解されるべき要素を含んでいる。そうした意味を持って、今日も多くの場面で使用されることになった。ここに、社会福祉と福祉が混同され、厳密な区分が曖昧となる理由の一端があるともいえる。

福祉にこのような字義があることを確認して、仏教と福祉の問題を考えていくと、仏教の慈悲や前近代に特徴的にみられる慈善との関わりが問われてくることになる。そこで、これらの問題について論じた先行研究を検討することから考えてみたい。「慈悲思想」として仏教の福祉思想を捉えたのが守屋茂氏であった。守屋氏は法華経等の仏典を引用しながら、慈悲を大乗仏教の根本であり、仏心であるとした。そこから、慈悲の実践は優位にあるものが劣位にあるものを助けるごときものではなく、「大慈悲の絶対的価値の追求」とし、衆生のための慈悲行であることで、菩薩をして菩薩たらしめるとした。また、「慈悲の大誓願の下に経営せらるべき国土（国家・社会）」を問い「国土は慈悲の実践当体」とした上で、「救世済民の中心」である福田思想に言及して、具体的な実践のありようを提起したのであった。(2)

この守屋氏の論には、衆生救済に慈悲の意義があり、その実践の場としての国土（国家・社会）が提示されている。守屋氏は福祉思想を定義したわけではないが、この慈悲の思想をとおして明らかにしたところに、福祉思想を重ねることができる。

仏教と福祉思想について体系的に議論されてきたのが、吉田久一氏である。吉田氏は、社会福祉と福祉について区分した上で、福祉とくに仏教福祉については、次のように述べて、その特色を明記された。

仏教福祉は、絶対平等性に基づく「因縁和合」である「共存」「共生」を特色としている。それは個を中心に発達した西欧福祉と相違する。(3)

このように規定して、「共存」「共生」を根拠づける「縁起相関関係」に注目し、「人間自体も、時間的空間的に相依相待の相互作用により、成立する」とした。このように、仏教が説く縁起思想を背景に人間相互の関係を包み込む平等性を含めて福祉思想が提起されている。吉田氏はこのような思想的立脚点に西欧をモデルに研鑽を積んできた日本の社会福祉への定義づけに対する対抗軸を提示しようとした。この「共存」「共生」等の実践的かつ思想的内実をどこまで探っていくことができるかが、われわれに問われていると理解することができる。

一方、池田敬正氏は社会福祉の現代的性格を明らかにする立場から、人類史的な拡がりを持つ普遍的理念の認識が不可欠であるとし、「ウェルフェア welfare」の語義を分析した。そこから、「人間の尊厳」に基づく「人権的根拠」を見出し、その理念から福祉を「ひとの存在のよさ」「くらしむきのよさ」と定義した。この分析を、池田氏は「普遍性と歴史性にもとづいて」の分析とし、戦後日本社会が福祉を理念的に追求せず、社会福祉としての実践的施策を論じてきたと批判したのであった[4]。

こうして池田氏は、福祉思想に人類史を通底する普遍的な理念を求め、それを「ひとの存在のよさ」「くらしむきのよさ」という簡明な言葉で表現した。吉田・池田両氏の福祉思想への考察は、十分に検証されないまま政策課題を追い続けた日本の社会福祉研究への警鐘でもあった。

以上のように、守屋・吉田・池田三氏が論じられた仏教福祉および福祉思想を簡明に述べてみた。衆生救済としての原理としての慈悲思想が、縁起・共生の理論を支えに福祉思想を意味づけていることが確認できよう。さらに、池田氏が述べているように、人間の尊厳＝「ひとの存在のよさ」「くらしむきのよさ」へと導かれることで、思想としての到達点から生活レベルでの意味づけへと広げて考えることが提起されている。

こうした慈悲および福祉の原義をふまえながら、仏教社会福祉の立場からの論をみていきたい。中垣昌美氏は、この仏教社会福祉の依拠すべき立場を、法律によってなされる社会福祉事業を超えて、地域の実態に即した社会福祉実践の直接的または間接的援助のプログラム化と自発的サービス提供であるとした。その立場から、仏教福祉が慈善・善意・親切・世話・奉仕等の心情的・利他的行為に美徳化され、仏教のあるところに福祉があるとの錯覚を与えたと批判した[5]。

こうした立論には、仏教徒の「慈善活動」への懐疑が内包されている。中垣氏によると、このような活動には社会生活上の諸困難に対する救済活動および便益をはかる公益事業などの類型があるが、その多くが恩恵的であり、地域的にも限定されるなど、「社会的諸問題と規定するには程遠いレベル」であるとしている。その上で、「公私の主体によってなされる組織的な社会的施策」は近代社会成立以後であるとの見解を提起されている[6]。

中垣氏の論は、民間社会福祉の一翼を担って戦後の社会福祉事業を支えた仏教社会福祉の実践活動を総括的に把握される視点から導かれた点に特色がある。その意味で、無批判に仏教徒の福祉実践を肯定するところを厳しく糺している。

この厳しさは、高石史人氏が提示した仏教社会福祉論にもつながっていく。高石氏は仏教社会福祉を規定する前に「戦後社会福祉の理論、実践、思想状況に、ほとんど何らの影響も位置も持ち得なかったことが露わとなる」との見解を示し、そうした要因には「仏教教説を上位概念としての『福祉』に適当に結び合わせて、抽象的、符号操作的に『仏教福祉』の議論を」重ねてきたところがあったとした。この批判的視点から、「信仰主体(仏教徒)が世俗(歴史)の営みとしての社会福祉に何らかのかたちで関与」する際の社会性を問い、それを「信の社会性」と提起した。そこから、その「信の社会的立場」に「人間の尊厳と平等な世界を切り拓く固有の人間観、社会観を視座として、『虚仮不実』の世俗を照射する批判的原理」を内包すべきだとされた。これらの視座を有することで仏教社会福祉が成立するという論を提起したのであった(7)。

このように、福祉の意味を問いかけることは、とりもなおさず、歴史的、社会的な立脚点を厳しく問い、かつ無批判な教義の上乗せやその実践の美徳化ではなく、仏教の人間観、社会観を実践主体のありようの中から検証していくことを必要としている。

となれば、本書がテーマとするところでは、どのような論点が設定されるべきであろうか。福祉思想と実践を柱に近世から近代の念仏者を検討された長谷川匡俊氏は、その視座として念仏信仰に根ざした福祉実践について「人間観、社会観、援助観、実践の主体的契機、念仏と看取りの問題」等を視点に織り込んで考察していく旨、述べている(8)。ここに掲げた項目は、福祉思想・実践を担った近世・近代の念仏者が向き合うべき拠り所を探っていくための具体的な指標を提示している。こうした分析視点を有することで、長谷川氏は実践を導く思想を問い、実践者の思想的営為を明らかにしていくことを提起した。

　こうした提起を受けて、この指標を手がかりとすることで、福祉思想と実践への意味づけが可能となるのではないだろうか。というのも、これらの指標に歴史的、社会的に問われる福祉の質が凝縮されているからである。その質を問うことが、仏教福祉が現代につながる意義を明示することになると考える。

　以上のような先学から提起された論点をふまえながら、本書においては、『日本書紀』の二つの記事に関わる考察からはじめて、行基・光明皇后・最澄・空海の福祉思想と実践に関わる諸問題の検討を進めていく。そこで、ここにいう福祉思想・実践に関して、改めてこれまで述べてきたところとあわせて、その意味するところを明らかにしておきたい。

　福祉思想と実践にかかる「福祉」とは何であろうか。それは、これまでに述べてきたように、社会福祉とは異なり古代社会に展開した慈悲や利他行など仏教思想に根ざした実践であり、それを支える人間観や社会観を考えることで、意味づけられるものである。したがって、筆者がこれまでに検討してきた「社会的実践」、「救済事業」等もそこに包含されていくと理解している。

　筆者は本テーマと関わる書をこれまでに二冊刊行した。『日本仏教救済事業史研究』（永田文昌堂、一九九三年）と『宗教と福祉の歴史研究』（法藏館、二〇一三年）である。

　前者では、社会的影響力のもと広範囲にわたる社会的実践を「仏教救済事業」と定義して、行基・最澄・空海・重源・叡尊・忍性・願阿弥などの実践の系譜をたどった。ここにいう社会的実践は、地域社会と関わる土木事業や生活救済としての食糧給付などの事業等を指し、それらをとおして教化にも務めたことで、「仏教救済事業」とした見方を明らかにし、社会事業・社会福祉の前史としての意義を考えようとした。

後者では、日本の古代・中世・近代・現代を対象に、宗教（仏教・キリスト教・儒教）と福祉の諸問題を取り上げ考察した。ここでは、近世を除いて古代から現代に至る長大なスパンを設定したが、それぞれの段階ごとに筆者の関心に応じて問題設定している。その試みはどこまで適切であったかは、忸怩たる思いを禁じえないが、こうしたスパンでの問題提起として、今後の研究の広がりを期していきたいと考えている。さて、ここで、筆者は「福祉」の概念を先述した池田敬正氏の論を踏まえて、その普遍性に着目すべきことを提示した。その論を受けて「宗教と福祉」という方向性を探ったのであった。

こうした二つの拙著で考察した諸問題を踏まえて、本書では日本古代仏教という限られた範囲で福祉を論ずることとした。特に「仏教救済事業」の定義づけにより分析した行基・最澄・空海に関しては、その実践内容、思想的営為について、本書では福祉思想と実践という観点から捉え直していく。詳細は各章の分析に譲るが、行基にあっては、女性参加の問題を問うことで、実践者の構成にもうひとつの視点を加え、その集団が有する特質を述べて、福祉実践たる意味合いを考えてみたい。最澄の場合は、「利国利人」の立場から、土木事業等の実践の意義を説く一方で、後継僧養成を目指すことで、主体形成の重要性を明示していた。そこに、福祉思想への導きが確認できる。空海においては綜芸種智院という庶民に開かれた教育機関の創設を目指すことで、総合教育等の視点を提示し、人材養成にむけた構想に福祉実践へとつなげるところが確認できる。

こうした点から、社会的実践、仏教救済事業を福祉思想とその実践として捉え返し、古代仏教を構成していく試みを提示して、それぞれの歴史的、社会的な関わりを検証していくこととする。

以上のような視点を述べて、次に各章の概要を記して本書の構成を提示しておくこととする。

全六章の構成

第一章　憲法十七条の人間観―第十条と第十四条が提示するもの―

すでに多くのところで知られている「憲法十七条」に関して、その人間観を問う章である。幾多の先行研究があり、また聖徳太子作への疑義がある中で、『日本書紀』推古天皇十二年四月条記載の史料として検討する立場から分析した。その全体像に関わる議論とは別に第十条、十四条にみる人間の限界性、凡夫としての自らを顧みる点に福祉思想につながる平等の人間観の所在を確認した。そこには第二条で言及された仏教理解が支えとなっていることは明瞭であるが、「憲法十七条」の全体を捉えている官人の服務観と関わって、こうした人間観に立つことに及んでいる点を留意すべきであろう。

第二章　『日本書紀』における障がい者受容の一齣

『日本書紀』推古天皇二十年是歳条に記載される、百済から渡来した障がいのある人への差別的処遇とその才芸への敬意が交錯する中で、受容に結びつくところを史料に基づき検討した。『古事記』『日本書紀』における差別観を振り返りながら、障がい者受容の意図するところに、「技術」や「帰化」への着目があり、そこに『日本書紀』の限界点をみることができる。その一方、排除から受容への転機を得ることで、今日も絶えない差別を克服する視座も考えていきたい。こうした「受容」を福祉実践へと導くには多くの議論が必要だが、この克服の論理への道筋を提起したい。

第三章　行基集団における女性参加

本章は行基の福祉実践に関して、筆者がこれまでに検討してきた中で、十分に言及できなかった女性参加の問題を扱っている。この問題の先行研究をふまえながら、行基集団に参加した女性像をどのように探っていくべきかを、歴史資料と説話文学の二つに分けて検討することとした。

第一節　歴史資料からみた女性参加の問題点

ここでは、行基集団が登場する歴史資料である『続日本紀』『行基年譜』および大野寺文字瓦等を中心に検討した。前二者では女性参加を裏づける事項の確認とその意義、さらには尼院の存在等から、福祉実践の広がりを考えたが、数的には僧などと比較して多いとはいえない状況にあり、また行基没後の集団構成にあっても指導的立場に尼僧が確認できないなどの問題もあった。

第二節　『日本霊異記』行基関連説話の女性像

興味深い説話で構成されている『日本霊異記』にあって、行基関連説話はさらに関心を集めている。その説話の内容から浮かび上がってくるところは、女性参加が行基集団にとって特別なことではなく、むしろ女性を含めた集団であったことを示している。女性が女性としてその集団に加わり、また法会等に登場していることで、彼女たちの立脚点を反映させ、救済を求めようとするところがあった。その意味でも、『日本霊異記』から導かれる行基集団の女性像について明らかにしていきたい。

第四章　光明皇后の福祉事業

古代仏教の福祉実践を考える上で重要な役割を果たしているのが、光明皇后による施薬院・悲田院の設立である。

両院に関する幾多の研究をふまえながら、本章では皇后が東大寺大仏等の国家的仏教事業に深く関与し、聖武天皇七七忌に際しての願文に「国家珍宝を捨して」というところにその仏教理解をみていく。その上で、皇后宮職という国家機関に施薬院が置かれ、「貧乏の徒を救養」とすることを明記した。これにより、その実践は、国家的意味合いを持つことで福祉事業とすることができる。その内実には解明できていない側面もあるが、施薬院の事業を皇后の立場から国家機関へと導いた点に注目したい。

第五章　最澄の福祉思想

最澄が目指した天台宗の独立と大乗戒壇の設立は、『山家学生式』に凝縮されている。これを六点にわたって集約し、そこから後継僧養成と「利国利人」構想へと進展させていくところを福祉思想として意味づけようとした。この後継僧養成は菩薩僧を養成することであり、そこに「国家衛護　群生利生」が内包され、国家＝国土を護持することが、人々への利益へと導かれるとし、「利国利人」が意味づけられるのである。そして、この菩薩僧には梵網経に基づく独自の慈悲観が底に流れていた。これらのことから、最澄の福祉思想の骨格が構成されていた。

第六章　空海と綜芸種智院

空海の綜芸種智院に関して、近年非開設論が提起されるなど、論議が尽きないところであるが、本章では「綜芸種智院式」の基本に基づき、その成立から特色等について述べ、さらに非開設論への疑義についても言及すべく三つの節で構成している。

第一節「綜芸種智院式」について

「綜芸種智院式」の成立、同院創設の意図と背景、最澄との比較などの項を立てて分析した。そこから、空海が唐で学んだ活発な教育状況から、学ぶ者への機会を確保するねらいを確認した。また、その教育的意図は最澄の場合とは異なり、後継僧養成ではなく、あくまでも「衆生済度」にあった。

第二節　「綜芸種智院式」の特色

ここではその特色として、㈠立地条件、㈡総合教育、㈢庶民への教育、㈣給費制等の四点をあげ、それぞれに分析した。そこから、高い理想と方策の具体性の欠如という問題点が提示されてくる。それは「綜芸種智院式」が創設に向けた書であって、具体的な成果を述べるものではなかったからである。

第三節　綜芸種智院と綜芸院

ここでは、綜芸種智院非開設論についてその論点を整理し、問題点をあげた。特に綜芸院の売却を記した「実恵奏状」を分析して、東寺が大きく方向性を転換させる事態へと至った経緯を明らかにし、大山荘を得て伝法会料を確保するねらいを考えていく。これにより、綜芸種智院の理想が伝法という教団の課題につながり、庶民への教育という理想が実を失い、教学の興隆へとむかったのであった。

以上、全六章の構成と概要から、それぞれの諸問題をここに提示した。それらに通底するのは、日本古代仏教が歴史的、社会的な立脚点を得て福祉という評価軸において、どう意味づけられるかにある。この視座により、検証していくこととしたい。

なお、本書において史料を引用するさいに、今日の人権理解からみて明らかな差別用語をそのまま掲載する場合がある。あくまでも差別を容認しない立場から分析上やむを得ず使用していることをお断りしたい。また、漢文史料については概ね訓読にて表記していくこととする。

註

（1）鎌田正・米山寅太郎編『大漢和辞典』大修館書店、一九九六年、一〇二七頁。なお、「福祉」の出典に関しては、諸橋轍次『大漢和辞典』縮写版巻八では『韓詩外伝』三の「福祉、王公に帰す」および『易林』大有の「我に福祉を賜ふ、寿算極まりなし」などをあげている。大修館書店、一九六七年、四八八頁、初版は一九五八年。出典とする両書はいずれも前漢の成立。

（2）守屋茂『日本社会福祉思想史の研究』同朋舎、一九八五年、三七〜四五頁。

（3）吉田久一・長谷川匡俊『日本仏教福祉思想史』法藏館、二〇〇一年、一二頁。

（4）池田敬正『福祉原論を考える』高菅出版、二〇〇五年、七〜一三頁。

（5）中垣昌美「仏教福祉と仏教社会福祉」、日本仏教社会福祉学会編『仏教社会福祉辞典』法藏館、二〇〇六年、二七六頁。

（6）中垣昌美『仏教社会福祉論考』法藏館、一九九八年、一〇〜一四頁。

（7）高石史人『仏教福祉への視座』永田文昌堂、二〇〇五年、二五〜三一頁。

（8）長谷川匡俊『念仏者の福祉思想と実践』法藏館、二〇一一年、一〇頁。

第一章　憲法十七条の人間観
―第十条と第十四条が提示するもの―

はじめに

『日本書紀』推古天皇十二年四月三日条（以下、推古紀十二年四月条）に記す憲法十七条については、「聖徳太子虚構説」により、大きな転換点を迎えている。その一方で、憲法十七条について、太子真撰説、偽撰説という議論ではなく、一定程度その条文について評価しようとする説もある。つまり、全面的に虚構というわけではないが、一部に信頼できるものもあるという説である。

こうしたいくつもの議論が提起されていることは、出典が『日本書紀』であることで、「史実」であるか否かという問題が内包されているためでもある。したがって、「史実」として議論される限り、憲法十七条が聖徳太子作であるか否かあるいは一部を策定したなどの見解に関心が集中し、憲法それ自体を問うことが薄れていくという点が生じてくるのではないか。

むろん、聖徳太子真撰説の立場から憲法十七条を論じた著作は多数あり、そこでこの憲法が有する意義は明解に論じられたともいえる。その明解な論が、虚構論によって問われているとき、この真撰説という立場から憲法十七条を論議することは、あくまでも推古紀の記述に従った解釈であるとしなければならないだろう。推古紀を含めて『日本書紀』が明らかにしようとする立脚点を反映させているとみることが可能となるからである。

そこで、もう一つの議論として、推古紀十二年四月条のそれではなく、『日本書紀』に記載されている憲法十七条を捉え返すという視点からの分析を試みてみたい。特に、同書が撰上された養老四年(七二〇)段階において、憲法十七条が持つ意味を考えてみてはどうだろうか。周知のように、憲法十七条を評価する議論には、後世の聖徳太子への信仰の裏づけがあったとされている。そして、『日本書紀』はその太子信仰が具体的に表出したものの一つであるともいえる。それゆえに、ここには、どのような意味で、憲法十七条が問われ、この八世紀初頭の段階でどういった影響を与えたかを問うことも意味のあることではないだろうか。

このような視点は、聖徳太子真撰説・偽撰説を超え、さらには『日本書紀』の記事の虚構論とは別に、その成立時の意味を問うことで、憲法十七条が内包している思想の内実から、その思想的な地平を明らかにしていくことになるのではないかと考える。ここにいう地平とは、『日本書紀』成立時にあって、どのような意味において、その国家像を捉えようとしていたかを明らかにすることであり、それを支えるための思想的な営為がどこにあったかを求めることでもあるだろう。それは、律令体制が確立される段階において問われるところを明らかにする意義とともに、どのような独自の立場を示しているかを問うことでもあるのではないか。

本章では、まず憲法十七条の全体像について概要をつかみ、その上で、第十条、第十四条などに焦点を当てながら上記の問題点を探っていくこととしたい。というのも、ここには、後述するように、改めて問うべき人間観があるからである。そうした部分に焦点を当てることで、憲法十七条のさらなる意味が求められるのではないかと考える。

このような立場から、これまでの憲法十七条の議論に対して、もうひとつの視点を提起できることをめざしていくこととする。

第一節　憲法十七条の概要

ここでは、これまでの諸研究をもとに推古紀十二年四月条に記載される憲法十七条を概観して、どのような構成をとり、主たるねらいがどこにあったのかを述べていくこととする。(1)

周知のように、憲法十七条の中心となる条文は第一から第三条において明らかにされている。第一条に「和を以て貴しとし」という著名な文言があり、第二条には「篤く三宝を敬へ」とする仏教精神が掲げられている。そして、第三条にあって「詔を承りては必ず謹め。君は天なり、臣は地なり」とする儒教の立脚点が明示されている。

この三つの立場から導かれて憲法の各条が立てられていることになる。しかし、その多くが、官人のありようを指し示す内容となっていることは、すでに指摘されているとおりである。そうした指摘をふまえてみていくと、「群卿」「群臣」などの語が登場していること、さらに「国家」「王」「官」および「百姓」「民」などの語も複数回にわたって用いられている。それらから、憲法十七条の中核にこうした官人に対する「政治規範」(2)ともいうべき戒め、もしくは心得が強く意識されているといえよう。

そして、そうした規範意識ともいうべきところは、「礼を以ちて本とせよ」(第四条)、「信は是義の本なり」(第九条)など儒教的な立脚点を示し、さらに「国に二君非く、民に両主無し」(第十二条)という国家観を述べて、「餮を絶ち欲を棄て」(第五条)、「懲悪勧善」(第六条)など、官人の職務への基本姿勢へと進み、「群卿百寮、早く朝りて晏く退でよ」(第八条)、「諸の官に任る者、同じく職掌を知れ」(第十三条)など具体的な心得を説いていく。そうした事項をふまえながら、「忿を絶ち瞋を棄てて、人の違ふことを怒らざれ」(第十条)、「嫉妬有ること無れ」(第十四条)など、人としてのありようにも言及していくことになる。

また、官人と接することとなる「百姓」「民」に対しては、次のような立場を示している。まず、「百姓の訟、一日に千事あり」と述べて、財ある者と乏しき者の訴えの違いを示して、貧しき者がその手だてを失うことは、「臣道亦焉に闕く」（第五条）とする。さらに、「率土の兆民は、王を以ちて主とす」とし、「官司は皆是王臣なり」とするゆえに、「何ぞ敢て公と、百姓に賦斂らむ」（第十二条）と述べている。そこに、「百姓」を賦の対象とみて、官の私的な行為を禁じている。なお、「民を使ふに時を以てする」と述べ、農繁期に「使ふべからず」（第十六条）とし、「民」への配慮を示唆しているが、これも賦の対象とするためのものである。

これら各条における基本的な文言から、忠実かつ勤勉に職務に従い、統治秩序を厳守しつつ、民・百姓に対し公平な態度を求めているところが明確にされている。これらから、官人としての規範が示されることとなるが、そこに内包されているところにおいて注目すべきことは、人としてのありようにまで言及していることである。かつて亀井勝一郎氏が憲法十七条を評して「人間研究の覚え書き[3]」と述べたが、そのように「忿」や「嫉妬」という時代を超えた人間存在の愚かさや限界性に及んでいることは、官人の心得に留まらない意味を有しているように思われる。そうした人間存在に関わる洞察を含んでいるところに、憲法十七条の人間観の所在をみてとることも可能である。

さて、官人のありようを示してその心得を提示したところは、第三条の儒教的秩序観から導かれるものであることは明らかなとおりである。まず、そうした儒教的な側面からの議論について、どのような見解が提示されていたのであろうか。

まず、こうした官人のありようから、古くは石母田正氏が「君臣」と「百姓」「民」との関係から、推古朝の支配様式を論じられ、「族長に代表されるクニの社会的秩序の解体を歴史的前提とする[4]」とされている。この論は、推古朝に憲法十七条が存立し得たことを明らかにするものであるが、注目すべきは、ここに新たな国家像を規定していく関係構造が提示されていることにある。

そうした観点から、神崎勝氏は第四条の「礼」が重要視されたことをふまえて、「礼」の秩序が「百姓」に拡大されたことにその意義があるとし、それにより「礼的秩序の内部へ取り込もうとした」ことを強調している。なお、神崎氏はこの論を明示されるために、使役対象とされる「民」が敏達紀にみられる反面、「百姓」は天武、持統紀に示されていることをあげている。(5)

こうした論にみられるように、憲法十七条をめぐる論議が、推古朝において成立し得たかどうかを問い、その支配のありようをめぐる議論となっている。したがって、そこでの用語例もこの観点から論じられることとなる。この研究成果は尊重されるべきだが、ここで問うもうひとつの側面は、憲法十七条がこのような官人である「臣」のありようを説くところに、「礼」秩序を核に君臣の関係を「百姓」「民」を包括していくところをみておかなければならない。

そうした点で、儒教的な立脚点から憲法十七条が構想されていることが明らかだといえる。

その一方で、憲法十七条の各条文の出典に関する研究も活発に進展してきた。(6)このような研究によって、明らかとなったことは、儒教思想を核としつつも仏教思想を包摂し、「和」という独自の立場を示していくということで、折衷的な思想を表示していることでもある。そこには、豊富な典拠をもとに条文を構成していく「四六駢儷体」のながれを受け継いでいるといえる。(7)このような立場は、憲法十七条が作成されていく過程での営為の深さを示すものであるともいえる。

しかし、出典をめぐる研究は、聖徳太子による真撰、偽撰の論拠ともなって、議論が拡大されてきたことも確かであった。真撰の立場からは、その優れた思想的な立場が強調されることとなり、偽撰説に従うと、それぞれの出典から引いたものであって、独自なものとはいえず、学問集団などの存在ないしは、『日本書紀』筆録に関わった者によって成立可能ということになっていく(8)。

ここでは、そうした議論ではなく、『日本書紀』成立時において明らかにされた官人のありようとしてみたとき、それは、律令体制のもとでの官人にあり方を意味づける意図が内包されていることは容易に理解することができるだろう。それは、すでに指摘されているように、律令体制成立の意義を推古朝に求めていく『日本書紀』の立場を反映させたものとする議論にもつながるところである(9)。しかしながら、憲法十七条が説いているところは、官人の心得につながるところだけではなかった。そこに内包されている人間観をどのように受けとめるかが、もう一方で問われることになるのではないだろうか。

そうした意味で捉え返したとき、先述のように、第一条に示された「和」の問題や第二条の仏教精神とどのようにそれらが関わるか、また、そこに提示されたこのような人間観がどうつながっていくのかはさらに詰めていく必要がある。

第二節　仏教思想との関わり

前節で述べたように、憲法十七条が官人の心得を基調としながらも、第二条において仏教精神を説いていること、さらには、第一条の「和」の意味、そしてそこに内包される人間観について、ここでさらに議論を進めてみたい。

第二条にて示されている仏教精神は、その根幹となるのが三宝である「仏、法、僧」を敬うことであり、「人はなはだ悪しきもの鮮し、能く教ふるをもて従ふ」とし、「何を以てか枉れるを直さむ」と述べて、仏教の教えによって正しい方向に導かれる人間の可能性を示している。そこに「万国の極宗」たる意味が仏教にあるとしているのではないか。それは、先に上げた第十条の「忿」を絶つこと、第十四条の「嫉妬有ること無れ」など、人間の持つ愚かさとあわせてそうした限界を認識しながら、向き合っていくことを教示しているといえよう。

このような仏教に対する理解は、第一条の「和」についても、そこで述べる「人皆党有り、亦達る者少し」とも深く関わって、「党」による利害関係が「事理」が通わない問題点を提示していると考えられる。第一条の「和」の問題はすぐれて「枉れるを直さむ」とする仏教への期待とつながるものがあるのではないだろうか。

こうした点から、第三条以降に提示されてきた官人の心得ともいうべき内容と、ここでの意味とどのように関連するのであろうか、また異なる点はどのようなところにあるだろうか。

先述のように、官人として職務に忠実であり、統治秩序を厳守していくべきところは、「党」の利害に左右されないという点でつながるともいえるし、公平な態度には「教ふるをもて従ふ」の立場から、導かれるところがないわけではない。しかし、「万国の極宗」とする仏教を尊重するところは、「君をば天とす。臣をば地とす」という第三条の基本とは異なっているとみるべきであろう。

こうした点から第二条の仏教への理解をみると、『日本書紀』に記載されているいくつかの仏教理解と異なることが明らかである。この『日本書紀』記載の仏教理解との相違点を提示したのが、二葉憲香氏である。二葉氏は、『日本書紀』推古天皇二十九年二月の厩戸皇子薨去の記事にある「玄聖の徳を以ちて、日本国に生れませり」としていることなどから、聖徳太子を「凡人に非ざる聖人とすることにおいて『書紀』の仏教観と関わりのある太子観を示すと考えられよう」と述べている(10)。そこに、憲法十七条において提示された仏教理解とは異なり、「聖」なる意味を強調する立場が顕著である。

確かに『日本書紀』に記載されている仏教への理解には、例えば、敏達天皇十四年紀二月条では蘇我馬子が塔を建立するさいに舎利を納める記事があるが、その仏教理解が舎利信仰となっている。また、用明天皇二年紀四月条にある「天皇、得病」にさいし、「朕三宝に帰らむと思ふ」とするように、「病」と「三宝」を結ぶ理解がある。このような病気回復を願う仏教理解は、天武天皇九年紀十一月条に「皇后、体不予」にさいし「皇后の為に誓願して、初めて薬師寺を興つ。仍りて一百僧を度せしむ」などにもつながっている。

これらの例から、『日本書紀』記載の仏教への理解は、憲法十七条が提示するところとは異なり、「聖」なるものとして受けとめ、病の回復などの功徳を期待する意図が内包されている。

近年の研究においても憲法十七条の仏教精神に対する疑問が提起されている。まず、本郷真紹氏が、『日本書紀』編纂の基本的な立場を次のように述べて憲法十七条の仏教精神に関して疑問を提起されている。同氏によると『日本書紀』にあっては、「神仏混淆の合理的解釈が構築されていない段階」において「天皇が仏教と直接接触することはタブーとされた(11)」なかで、それゆえに天皇に近い立場にあり、かつ天皇とならなかった人物に仏教興隆の業績を集中させたとした。そこから、「外来思想を基礎に制定された憲法を、将来の政治の基本理念とするといった姿勢自体が、皇位を継ぐべき人物のとるべきものとして正当といえるのであろうか」という疑義を提起された(12)。

また、曾根正人氏は憲法十七条が聖徳太子の作であるとする立場から、儒教道徳と仏教とを無造作に組み合わせたとし、第二条を官人の心得という枠組みから捉え、そこに「信仰における集団志向」がみられるという。そうした意味で、その仏教の内実は本来の大乗仏教とは異なるものとしている(13)。

本郷、曾根両氏の論は、憲法十七条を聖徳太子の作とするか否かの相違はあるものの、その仏教精神を評価する上での問題提起として受けとめる必要がある。本郷氏は、そこに仏教精神の存在を評価し、その上で皇位継承者たる聖徳太子が作成したとはいえないとする論である。一方、曾根氏はその仏教精神には本来の大乗仏教の立場とは異なる点などを指摘して、「素朴なもの」との理解を示している。

こうした違いに着目していくと、その仏教精神は、官人の心得という憲法十七条が有している核となるところと一定の乖離がみられるということになる。つまり、仏教精神を評価していくと、心得を説く部分と異なる立場が求められてくる。一方、評価することに一定の疑問を提示する立場に立つと、心得というなかでの低位の理解がそこにあるということになるのである。

聖徳太子の撰とみるか否かの議論としてではなく、憲法十七条それ自体の意義を問うとすれば、ここに提起された議論をさらに進めて、第二条を含めて他の条文と関わらせながら、その仏教精神を考えるべきであろう。

第三節　第十条・第十四条をめぐって

先述のように、憲法十七条には、官人の心得、規範意識を超えて、人間存在を凝視していくところがみられる。そこに、心得などとは違った人間観が内包されている。それを具体的に示すのが第十条の「忿」「瞋」の理解であり、第十四条の「嫉妬有ること無れ」とする立場である。そこには、人間存在に内包される自我意識があり、仏教で提示するところの「我執」「執着」が現れている。そうした愚かさや限界を有することを正面から問うところがあるのではないだろうか。この点を中心に検討していくこととする。

まず第十条にあっては、次のように述べて、人間存在に対する深い凝視の姿勢がみられる。

忿を絶ち瞋りを棄て、人の違ふことを怒らざれ。人皆心有り、心各執有り。彼是なれば我は非なり。我是なれば彼は非なり。我必ず聖に非ず、彼必ず愚に非ず。共に是凡夫ならなくのみ。是非の理、詎か能く定むべけむ。相共に賢愚なること、鐶の端无きが如し。是を以ちて、彼人瞋ると雖も、還りて我が失を恐れよ。我独り得たりと雖も、衆に従ひて同じく挙へと。

第十条の全文から、「忿」「瞋」を凝視するだけではなく、彼と我とを客観的に見定めて、「相共に賢愚なる」存在だという対等な関係にあるという理解を示した。そこには、「凡夫」といい、「鐶の端无きが如し」というように、人間存在そのものを相対的に捉える立場が明らかにされている。

ここにいう「凡夫」は仏教用語としてよく知られているが、多くの場合「凡夫」であることを否定的に捉えて、さとりへの導きを述べている。しかし、第十条では「共に是凡夫ならなくのみ」と断言して、その自覚を強調して止まない。それが「鐶」のたとえと相まって、人間存在の相対性を提示したといえよう。

また、第十四条では「嫉妬」について、次のように述べる。

群臣百寮、嫉妬有ること無れ。我既に人を嫉めば、人亦我を嫉む。嫉妬の患、其の極を知らず。所以に、智己に勝れば悦びず、才己に優れば嫉妬す。是を以ちて、五百の乃今し賢に遇ふも、千載にして一聖を待つこと難けむ。其れ賢聖を得ずは、何を以ちてか国を治めむと。

と述べて、「群臣百寮」への戒めという意味合いから「嫉妬」することを厳しく指摘して、官人のありように及ぶ意図が窺われる。しかし、そのこと以上に「嫉妬」することが「其の極を知らず」とするように、人間存在に深く宿されている煩悩ともいうべきところを明示している。特に「智」「才」に関する「嫉妬」を示していることは、そのことの持つ意味を深く捉えたものといえよう。

こうして、「嫉妬」への戒めをとおして、人間の愚かさ、限界性を見通していくことにもなったのではないだろうか。

第十条・第十四条から、人間存在を凝視する条文を捉えてきたが、これらをとおして、人間の中にある限界性なり有限性というべきところを見定めた人間観があるといえる。そうした人間観を如実に示しているのが第十条の「凡夫」にあるのではないだろうか。

なお、横田健一氏は憲法十七条の用語が『日本書紀』においてどのように表れたかを分析し、「凡夫」はこの憲法十七条のみの用例とした。さらに「愚」の表記も、『日本書紀』では、「謙遜」であったり、「単純に愚かである、賢ではない」などの用例に留まるとされている。そうした点から、「憲法のそれの方が、人間の本質について独自な思想をもっていることがうかがわれる」とした(14)。

こうして、「凡夫」なり「愚」なりの用語例を含めて考えると、憲法十七条の独自な人間観が明示されていることに気づかされる。とりわけ、「凡夫」には、その否定的な意味合いだけではなく、そうした自覚に立つことの意義が明らかにされている。こうした観点から、そこに「平等観」の所在を認めたのが曾根正人氏であった。曾根氏は官人が仏教を尊んで菩薩行を実践していくことにより、第十条の「凡夫」という平等観に目覚めるとし、「平等観が大乗仏教の核である慈悲につながる(15)」と述べた。

人間存在に共通する負の部分でもある「凡夫」について、「共に是凡夫ならなくのみ」と明言することで、誰しもが有するものとして受けとめることで、「平等観」となりえていくことにもなるのである。そうした観点を有するには、「聖」なり「愚」などが持つ諸要素を冷静に分析し、自らの内側にあって断ち切れないものと深く自覚することで可能となるものではないだろうか。

とすれば、ここに導かれる人間観には、「平等観」を基底にした人間存在のありようを捉えたものであったといえよう。

しかし、こうした「平等観」を提示された曾根氏は、憲法十七条に関して、「儒教経典や仏教知識にのっとった説明が加えられているが、さして高度な知識を必要とするものではない」とし、「その内容もごく一般的」とした。また、第十条に関しても、条文に仏教用語が用いられているが、「我独り得たりと雖も、衆に従ひて同じく挙へ」ということから、そこには「儒教道徳に収斂されている」と述べている(16)。

こうして曾根氏は先の論文で「平等観」の所在を認めながら、ここでは「儒教道徳に収斂されている」と結ぶこととなった。しかし、ここで示された「衆に従ひて同じく挙へ」とする部分をもう一歩踏み込んで解釈することができるのではないだろうか。

「凡夫」という自覚があるから、さまざまな議論を経たものであっても、「我必ず聖に非ず。彼必ず愚に非ず」というように、互いの不備・不足を認め合うことで、「衆に従ひて同じく挙へ」という理解に進むということではないだろうか。そこに、互いの存在を相対的なものとして理解する立場があり、平等の人間観が提示されていると考えることができるのではないだろうか(17)。

第十条に提示されている「凡夫」の自覚には、こうした人間観が内包されていると確認できるが、先の第十四条の「嫉妬」することが「其の極を知らず」との認識と相まって、人間存在を凝視した観点が所在していたのである。それは、単に官人の心得を超えたところがあるというべきではないだろうか。そうした意味で、『日本書紀』成立時にあって、憲法十七条が提示したところは、そうした人間の愚かさや限界を含んだ観点があったことで、その多様な意義が明らかとなり、いわばその到達点の豊かさを示すものとなったのである。このような点で、官人の心得という『日本書紀』成立時のレベルを超える意味を内包していたと考えることができる。

まとめ

以上のような分析から、憲法十七条が多彩な内容を含んでいたことが理解できるであろう。それでは、『日本書紀』の成立において、こうした憲法十七条を掲載したところの意味は何であったのだろうか。それは、これまでに述べてきたように、聖徳太子に対する信仰の発露であるという意図は明確である。そこを起点に、律令体制のもとにある官人の心得なり規範意識なりを明瞭化していく役割があった。

しかしながら、そこに記述されている条文には、凝縮された人間観があり、「凡夫」の自覚にみるように平等観を示すものでもあった。そうした意味で、憲法十七条は『日本書紀』編纂者の意図とは別のものを含んでいたと解することもできるであろう。それは、憲法十七条の原本なるものが存在した可能性を考える必要があるのではないだろうか(18)。

こうした点から、作成者を聖徳太子に求めることは、簡単にはいかないところもある。また、そうであるからといって学問集団等によるものと容易に結びつけることがどこまで可能かも疑問となる。さらに、道慈という奈良時代の随一と称される学僧によるものとするには、検証すべき事項が多くあるのではないだろうか。

このような論点をふまえて、憲法十七条が明らかにした地平から、その人間観を掘り下げて分析したところに作成者の像が明確になるのではないだろうか。その意味において、人間の平等を観点とする福祉思想への道筋をみることができるであろう。

註

（1）『日本書紀』の引用に関しては、小島憲之・直木孝次郎・西宮一民・蔵中進・毛利正守校注・訳『日本書紀』小学館、一九九六年によることとする。
（2）家永三郎「憲法十七条」、日本思想大系『聖徳太子』所収、岩波書店、一九七五年。
（3）亀井勝一郎『聖徳太子』春秋社、二〇一二年、一六四頁、初出は一九六三年。
（4）石母田正「古代法」、岩波講座『日本歴史』古代四所収、岩波書店、一九六二年。
（5）神崎勝「十七条憲法の構造とその歴史的意義」、『立命館文学』第五五〇号、一九九七年。
（6）岡田正之「憲法十七条に就いて」、『近江奈良朝の漢文学』所収、一九二九年、東洋文庫。田所義行「古事記と儒家を主とした中国思想の関係交渉について」（その九）、『東京女子大学附属比較文化研究所紀要』第一三号、一九六二年、など。
（7）梅原猛『聖徳太子』上（梅原猛著作集一）、小学館、二〇〇三年、六三四頁。
（8）小倉豊文氏は憲法十七条の作成者について「白鳳時代頃の聖徳太子信仰家の、恐らく僧侶の偽作であって何所かの寺院のあったものと考えたいと思います」と述べている（『聖徳太子と聖徳太子信仰』綜芸舎、一九六三年、三三頁）。井上光貞氏は、三経義疏が隋唐仏教以前の学風を伝える法隆寺の学団の中でつくられたと想定され、その菩薩観を分析されて、憲法十七条との共通性を説いている（『日本古代の国家と仏教』、井上光貞著作集第八巻所収、岩波書店、一九八六年、二七～二八頁、初出は一九七一年）。大山誠一氏は『日本書紀』の聖徳太子像に関して道慈の関わりを論じられ（『長屋王家木簡と金石文』吉川弘文館、一九九八年）、吉田一彦氏も『日本書紀』が依拠した仏教文献を明らかにしていくという立場から、道慈が聖徳太子関係記事に関わったとする見解を提示している（『仏教伝来の研究』吉川弘文館、二〇一二年、一六三頁）。この道慈説に対し、皆川完一氏は吉田氏の説を批判している（「道慈と『日本書紀』」、中央大学文学部『紀要　史学科』第四七号、二〇〇二年）。また吉田氏からの反論もある（前掲書）。
（9）大山誠一、前掲註（8）書および『〈聖徳太子〉の誕生』吉川弘文館、一九九九年、など。
（10）二葉憲香『古代仏教思想史研究』（二葉憲香著作集第四巻）、永田文昌堂、二〇〇〇年、三一二頁、初出は一九六二年。
（11）本郷真紹「『聖徳太子像』の形成」、本郷真紹編『和国の教主　聖徳太子』（日本の名僧一）所収、吉川弘文館、二〇〇四年。
（12）本郷真紹「聖徳太子は日本仏教の礎を築いたのか」、上田正昭・千田稔編『聖徳太子の歴史を読む』所収、文英堂、二〇〇八年。
（13）曾根正人『聖徳太子と飛鳥仏教』吉川弘文館、二〇〇七年、一五二〜一五四頁。
（14）横田健一「十七条憲法の一考察」、『日本書紀研究』第三冊所収、塙書房、一九六八年。
（15）曾根正人「黎明期の日本仏教と聖徳太子」、本郷真紹編、前掲註（11）書所収。
（16）曾根正人、前掲註（13）書、一四九〜一五一頁。なお、「挙へ」を「おこなへ」と読むことについて、小島憲之ほか校注・訳『日本書紀』（前掲註（1）書）頭註（五四五頁）には、『礼記』中庸、『周礼』地官・師氏などからその用例をあげて根拠づけている。
（17）なお、金治勇氏は、「共に是れ凡夫のみ」と、自戒と反省から「衆に従いて同じく挙う」という「同事」の行を行ずることができるであろうと指摘され、「内的平等の自覚」を強調されている（『聖徳太子の生涯と思想』百華苑、一九五八年、一八五頁）。
（18）田中嗣人氏は「十七条憲法の原態が初期の太子伝に採録され、さらに『書紀』に引かれていった過程で演繹部分の付加が行われた」という説を提示している（『聖徳太子信仰の成立』吉川弘文館、一九八三年、一一九頁）。

第二章　『日本書紀』における障がい者受容の一齣

はじめに

日本の社会福祉の歴史のなかで、障がい者福祉の起源となるべき事項を求めていくことはどこまで可能だろうか。この疑問を出発点に『日本書紀』のなかにそのような起源を見出すべく検証を重ねた。周知のように、古代社会にあっては心身の障がいについて、多くの場合適切さを欠き差別を助長するところがみられる。そうした状況にあって、障がいのある人々をどのように理解したかを知る手がかりを『日本書紀』（以下『書紀』）推古天皇二十年是歳条（以下、推古紀二十年是歳条）の記述をとおして考えてみることにした。同条にあっては、朝廷と百済から来朝した「斑白」なる面・身の一人の人物との交渉が記されている。そこに記された朝廷側の態度やこの人物の主張を受容する状況を分析していくことで、古代社会の福祉観についての見通しを持つことができればと考える。

第一節　推古紀二十年是歳条について

まず、ここで問題とすべき本条文をあげ、問題点を摘出していくことにしたい(1)。

是の歳に、百済国より化来ける者有り。其の面・身、皆斑白なり。若しくは白癩有る者か。其の、人に異なることを悪みて、海中の島に棄てむとす。然るに其の人の曰く、「若し臣の斑皮を悪みたまはば、白斑なる牛馬は、国中に畜ふべからず。亦臣、小なる才有り。能く山岳の形を構く。其れ臣を留めて用ゐたまはば、国の為に利有らむ。何ぞ空しく海の島に棄つるや」といふ。是に其の辞を聴きて棄てず。仍りて須弥山の形と呉橋を南庭に構かしむ。時人、其の人を号けて路子工と曰ふ。亦の名は芝耆摩呂。又百済人味摩之、帰化て曰く、「呉に学びて、伎楽の儛を得たり」といふ。則ち桜井に安置らしめて、少年を集へて、伎楽の儛を習はしむ。是に、真野首弟子・新漢斉文二人習ひて其の儛を伝ふ。此今大市首・辟田首等が祖なり。

とあり、この条は、前半において「其の面・身、皆斑白」の「路子工」について述べ、後半部では伎楽舞の「百済人味摩之」とその系譜を示して、百済から来朝した二人の人物が特定の技術・技能を伝来させたことを明らかにする内容となっている。

さて、この条文の問題点として、第一に、この記事の信憑性がどこまで得られるか、第二に、かかる特定の技術・技能を伝来させたことの意味はどこにあるか、第三に、なぜ一度は「海中の島に棄てむ」としたのに、その技術を重要視するに至ったのか等があげられる。とくに、最後の問題は「其の面・身、皆斑白」なる人物を「其の人に異なることを悪み」としたことで、身体状況が異なることを以て排除せんとしたことが明らかであり、そこに障がい者差別の意図がみられることとあわせて、考察していかなければならない。

一　記事の信頼性

まず第一の問題を分析することからはじめたい。第一の問題は、この条が「是歳」ではじまることで、具体的な月日の明示がなく、歴史的事実と判断するには、困難な側面を持っている。(2) そこで、この記事が包含している要素を分析して、問題点を摘出していくことにしたい。

この記事が有する要素には、①是歳ではじまること、②百済の国名を記すこと、③須弥山・呉橋を造作したこと等が前半部の主要なポイントとなる。後半部は、①百済からの帰化であること、②味摩之が伎楽舞を伝えたこと、③真野首弟子・新漢斉文らが、その舞を継承したこと等がキーポイントとなる。

前半部のポイントでは、①・②は、推古紀全体から捉え直す必要がある。推古紀において、百済からの文化流入は著しい特色でありながら、是歳条として具体的な月日をあげることのできなかった理由を考えていきたい。

推古紀には、飛鳥寺が完成し、崇峻紀から記されている百済からの仏教・芸術・技術の渡来が一定の段階に到達したことが記されている。そのなかで、百済からはさらに、「百済僧慧聡来り」（三年是歳条）、「百済、駱駝一匹、驢一匹、羊二頭、白雉一隻を貢れり」（七年九月癸亥条）、「百済僧観勒来之」（十年十月条）等、百済との交流に関する記事がみられる。さらに、僧観勒は、推古紀三十二年四月条で、ある僧が祖父を殴打した事件により、上表文を読み、僧正に任じられている。

このように、百済関連の記事においては、仏教関係記事を中心に編成され、七年九月癸亥条は、前年八月己亥条の新羅による孔雀の献上に対応するもので、一方に、新羅との外交関係をふまえつつ、百済関係記事が編成されていることになる。

そこで、是歳条としたことの意味を考えると、どうなるであろうか。推古天皇一代記である『書紀』巻二十二において、「是歳」ではじまる条文を検索してみると次のようになる。

①元年・是歳「始めて四天王寺を難波の荒陵に造る」

②三年・是歳（既述のとおり）
③八年・是歳「境部臣に命せて大将軍とし（中略）任那の為に新羅を撃つ」
④十四年・是年「初めて、寺毎に、四月八日、七月十五日に設斎す」
⑤十四年・是歳「皇太子、亦法華経を岡本宮に講じたまふ」
⑥十五年・是歳冬条「倭国に高市池・藤原池・肩岡池・菅原池を作る（以下略）」
⑦十六年・是歳「新羅人多く化来けり」
⑧二十年・是歳（既述のとおり）
⑨二十五年・是歳「五穀登れり」
⑩二十六年・是年「河辺臣を（中略）安芸国に遣して、船を造らしむ」
⑪二十八年・是歳「皇太子嶋大臣共にこれを議り、天皇記国記、臣連伴造国造百八十部并公民等の本記を録す」
⑫二十九年・是歳「新羅、奈末伊弥買を遣して朝貢る」
⑬三十一年・是歳「新羅、任那を伐つ」
⑭三十四年・是歳「三月より七月に至るまでに、霖雨ふる」

以上、十四点の記事を確認できる。これらの記事群をまとめてみると、第一には、聖徳太子関連記事（①・②・⑤・⑪）、第二に、新羅関係記事（③・⑦・⑫・⑬）、第三に、国内関係記事（④・⑥・⑨・⑩・⑭）等に分けることができる。第一の聖徳太子関係記事を是歳条としたことは、これらが太子の事績を示すさいに、おそらくは別系統の資料に依拠したことによるものと思われる。第二の新羅関係記事に関しては、③がその前年の新羅と任那との攻防に関わり、⑫と⑬は三十一年七月の「新羅に大使奈末智洗爾を遣し、任那、達率奈末智を遣して、並に来朝り」の記事に関わっている。国内関係記事も、⑥が推古朝以前の池溝開発を一括記載したものとされ、[3]⑨・⑭も月日を確定する内容とはなっていない。⑩は伝承記事の性格を有している。

このような状況を考えると、本稿の検討対象である⑧は、百済からの渡来という点で②と共通するものの、聖徳太子関係記事とは別であり、仏教関係記事でもない。したがって、明らかにこれら一連の記事とは性格を異にするものであるといえる。

それでは、この記事をどのように捉えていくべきか。この記事の後半部に関して、上田正昭氏は「味摩之に象徴される芸能集団の渡来とみなすべきだとする解釈」の所在を記し、その根拠に、出雲路家蔵ひらかな本『聖徳太子伝暦』に「味摩之」に左注して「舞人の惣名也、上下十八人きたる」とあることをあげている。[4]芸能集団の渡来を明記する記事として位置づけるとすれば、前半部は、須弥山・呉橋に関わる記事ということになり、これまでの推古紀の記事において位置づけが困難であったことが、解決できるのではないか。

そこで、須弥山・呉橋の技術の観点から捉え返すと、須弥山に関する『書紀』の記事は、推古紀以外では、いずれも斉明紀に集中している。それらを列記すると次のとおりである。

(a)須弥山像を飛鳥寺の西において作り、且盂蘭盆会を設く。暮に覩貨邏人を饗へたまふ。(三年七月辛丑条)

(b)甘檮丘の東の川上に、須弥山を造りて、陸奥と越との蝦夷に饗へたまふ。(五年三月甲午条)

(c)又、石上池の辺に須弥山を作る。高き廟塔の如し。以ちて粛愼四十七人に饗へたまふ。(六年五月是月条)

とあって、いずれも覩貨邏人をはじめ外来の人びととの饗宴に関わっている。また、造作された場所は、寺院である飛鳥寺、盟神探湯を行った甘檮丘などに近い宗教的な場所であり、石上池では廟塔のように高い須弥山であったとしている。さらに、盂蘭盆会が行われるなど、仏教教義上の意味も理解されていたことが明らかである。これらの状況から、宗教的な権威を有していたことで、須弥山には、外来の人びとを饗応するとともに、服属儀礼の一環としての意味を持っていたといえよう。(5)

その意味で、仏教教義に服属儀礼が結びつくことにより、須弥山の造作が開花したというべきではないか。その技術の伝来を推古紀に記述したことは、この完成された技術が、以前から伝来していたことを意味づけるねらいがあったというべきであろう。そこに、月日を明記しえない理由があり、斉明紀に全面的に展開した故に、推古紀において位置づけが困難であった理由が見出せるのである。

このように捉えると、推古紀二十年是歳条が、斉明紀の須弥山の造作に先行する意図を底流として持っていたことになる。したがって、技術の伝来自体は史実とみるべきだが、推古天皇二十年という年次に関しては信頼すべきではないことが確かめられる。

二　技術伝来の意義

それでは、技術の伝来をどう考えるべきかという第二の問題と関わって、分析を進めなければならない。『書紀』では欽明朝の仏教公伝からはじまって、対外関係記事の中心的な位置を仏教関係記事が占めてきているが、そのなかにあって、僧の来朝とともに寺院建築に関わる技術者の来朝が次第に顕著となっている。まず、この問題から検討を試みたい。

この問題に関して、新川登亀男氏は、継体紀から推古紀にいたる過程において百済と日本との関係記事を分析されて、博士・師・僧等の来朝に注目し、中国・南朝の例にも触れながら、それぞれの役割について独自の見解を明らかにされている。(6)

そこでは、とくに『元興寺伽藍縁起并流記資材帳』所載の「塔露盤銘」に記載される師（鏤盤・寺・瓦、律師・法師）と博士（書・画工）との役割の相違について、前者が「モノの造作にたずさわる者」および「経律などにもとづく論議を披露する」とし、後者を「文字を含む図像・書写という視覚によって諮問に答える」役割とされた。

　このことの意味について、新川氏は、中国・南朝とりわけ梁の影響をあげ、そこでは「家僧」としての僧が帝王・太子・貴族の「家」に招かれ、諮問に答え、「家」の治身や営為に貢献することが期待されたという(7)。

　新川氏が中国・南朝を根拠にして、百済からの技術者が来朝してきた意義を論じ、僧や技術者の来朝を東アジア文化圏の視座を導入して分析されたことに、一定の意義を見出すことができる。そこで、さらに問題点を深めていくとすれば、南朝において伽藍造営、造園に功績のある僧が所在していたと、新川氏が指摘されているが(8)、『書紀』等において造園に関する人材がみられないことを改めて考える必要があろう。南朝だけの指摘に終わるならば、たんなる類似の事項をすりあわせただけになろう。造園に関しても、中国・南朝から百済への文化流入、そして日本への伝播を見通すことが必要である。

　そうした状況から、推古紀二十年是歳条は、「山岳の形を構く」ことのできる技術者の来朝を記す貴重な意味を持つといえる。それまでは造寺事業を柱とする百済からの来朝者を記していた。それだけに、この技術こそ造園につながる意味を持つ(9)。ここではとくに、寺院との関わりを示さないが、先述した斉明紀には「須弥山の像を飛鳥寺の西に作る」との記事もあり、寺院の造園と深く結びついていると推測できる。また、造園に関しては、蘇我馬子の薨去の記事において「乃ち庭中に小池を開れり。仍りて小島を池の中に興く(10)」とあって、「島」のある庭園であるとされている。この池は、現時点では方形池であると推測されている(11)。したがって、庭園技術が推古朝に展開していたことは、明らかである。しかし、この池の造作の技術と須弥山・呉橋の技術とがどのように合致するか、現時点では解明できる材料を持たないが、新たな文化導入のうねりをみることは可能であろう。

次に須弥山に関しては、先述のように仏教儀礼と服属儀礼の意味が明らかであるが、この問題についてさらに議論を深める見解が提起されている。第一には、森田悌氏が「スメラミコト」の「スメラ」が須弥山に由来するとの見解を示していることである。先述のように、推古紀・斉明紀にのみ須弥山の記事があることで、「仏教重視の政治・宗教状況の中で、須弥山を君主の地位になぞらえ、天皇、スメラミコトなる称号が案出されたと推考する」[12]というのである。

森田氏の所説は、「スメラミコト」の根拠を道教に求めた従来の定説に対する批判であった。推古朝において須弥山の記事が現れ、「スメラミコト」の称号に由来するとなれば、その初出記事である推古紀二十年是歳条は、より強調されるべき内容となるのではないかと思われるが、必ずしもそうした方向を示唆していない。したがって、ここでは「スメラミコト」の称号が、道教のみならず、須弥山も含めた複合的な要素の上に成立していたとみることが、適切ではないだろうか。

次に、北條勝貴氏は、須弥山像を広い観点から分析するなかで「須弥山像の園池の造築は、斉明朝における倭京整備の一環(中核)でもあり、仏教的に荘厳された中華世界を現出し、倭国王の文化の力を誇示する役割を担っていた」[13]と主張している。北條氏は、先述の服属儀礼の意味をさらに深める方向を、儀礼の場の持つ宗教性に着目するなかで、三輪山の誓約儀礼をふまえながら須弥山像の持つ意味を「仏教的神奈備」と捉え返して、上述のように把握した。そこでは、儀礼の思想的根拠を神祇信仰から仏教へと移行していく段階を捉えたものであった。もちろん、北條氏も述べているように、天武朝以降、須弥山像に関する記事はみられなく、服属・誓約儀礼も神祇信仰へと移行していくことにもなる。

しかしながら、北條氏の議論が須弥山像に関して、国家的儀礼の問題へと導いたことで、先述の森田氏の議論とともに、ここに、新たな思潮の到来を意味づけるものであったといえるのではないだろうか。

このように、須弥山がもたらす思潮には、森田氏の「スメラミコト」に由来する議論と北條氏の新たな服属・誓約儀礼の意義などが提起されている。須弥山の技術の伝来が、推古~斉明期の対外交流のなかで、確実にひとつの思潮となりえていることが、これらの議論を通じて明らかとなっているようにも思われる。

また、是歳条の後半部の伎楽舞の伝習も、上田氏の指摘のように、新たな舞楽の技能としての意味を持ち、律令制のもとでも継承されている(14)。したがって、このような技術・技能の伝来は、法興寺造営事業の進展と並行して、南朝を起源に百済を経由して渡来した文化といえるであろう。朝鮮半島の情勢が大きく変化していくなかで、仏教文化を吸収していく方向が取られ、そこに造寺事業のもうひとつの担い手である造園と儀礼の荘厳に重要な役割を持つ舞楽とが伝来されたことを明記し、さらには、須弥山を通じて新たな思潮が導かれ、多大な影響を与えていくことにもなったのである。

以上のように、推古紀二十年是歳条が構成する内容は、古代王権にとって新たな文化の導入を意味し、それゆえに、年次の確定ができるわけではないが、一定の史実をふまえたものであることが明らかとなり、さらに、その技術・技能の伝来をとおして文化的な意義を見出すことができるであろう。

第二節　障がい者受容の問題点

ここに述べる障がいとは、推古紀二十年是歳条「其の面・身、皆斑白なり。若しくは白癩有る者か。其の人に異なることを悪みて、海中の島に棄てむとす」とあることを根拠とする。先述したように、「斑白」であることで「白癩」との疑いが持たれ、異なるゆえを以て排除されようとした。そこには、何らかの異なる事由をあげて排除の理由としたことで、身体の障がいを受け入れようとしない差別観の所在がみられる。

そこで、この問題を解いていくために、『古事記』『書紀』等にみる障がい者観を検討し、その上で、推古紀二十年是歳条の持つ意味を考えることにしたい。

一 『古事記』『書紀』の障がい者観

周知のように、八世紀前半に作られた『古事記』『書紀』には、障がいを持った人びとに関わる記事が散見される。その最初の記述というべきものが、『書紀』神代上、第五段本文における次の記事がよく知られている。

次に蛭児を生みたまふ。已に三歳と雖も、脚猶し立たず。故、天磐櫲樟船に載せて、風の順に放棄てたまふ。

とあって、「脚猶し立たず」との理由を以て、天磐櫲樟船に載せて、棄てたと記す。また、同五段第二の一書には、その理由を「初伊奘諾、伊奘冉尊、柱を巡りたまひし時に、陰神先づ喜びの言を発けたまふ。既に陰陽の理に違へり。所以に今し蛭児を生みたまふ」と記している。

これらの記事から、脚に障がいを負った子を棄て、その理由を、女神の側に求める意図が窺える。しかし、『古事記』上巻「伊邪那岐命と伊邪那美命」の段では、両神の言にあって「女人先に言へるは良からず」とし、「水蛭子」を「葦船に入れて流し去てき」と記している。同じような内容の記述ではあるが、脚の障がいに言及していない(15)。

この問題については、ヒルコの原義を検討し、ヒルコに「日子」(ヒルコ・太陽神)と「蛭児」(ヒルコ・身体の障がい)の二つの性格が所在していることが、これまでの研究状況から明らかであるが、その点をふまえて、古くは三品彰英氏がヒルコの原義が忘れられて遊離要素となったこと、儒教思想の影響を受けた陰神先称への弊を説いている点に『書紀』の立場があり、障がいを女神の側に求めるに至ったと提起している(16)。

一方、次田真幸氏は、神話の比較研究をふまえて、日子から蛭児への変質過程を初子生み損じ型神話の導入と捉えている(17)。また、岡田精司氏はヒルコの変質を天照大神にみる新しい太陽神信仰の成長によるとの見解を明らかにしている(18)。

このように、ヒルコをめぐる問題は多岐にわたるが、障がい者差別を前提とした立場は、むしろ変質過程を経た以降のこととみることができる。

次に『古事記』中巻・垂仁天皇段の「本牟智和気王」において、王が「八拳鬚心の前に至るまで真事登波受《まこととはず》」といい、言語の障害があったことを記している。天皇はこのことを憂い、「爾の祟は出雲大神の御心なりき」との夢告により、王を出雲に遣わすことになったが、その出発にさいして「那良戸よりは跛盲遭はむ。大坂戸よりも亦跛盲遭はむ。唯だ木戸ぞ是れ掖月の吉き戸と卜ひて出で行かし」とあって、那良戸や大坂戸等から出発するならば、「跛盲」に出会い不吉であるとの卜いによって、出発地を考慮しようとしている。ここに、障がい者との出会いを不吉とし、これを忌む思想が表れている。明らかに障がい者差別への視点が窺える。

さらに『書紀』斉明天皇四年五月条および十月甲子条に、皇孫建王の死をめぐる天皇の哀惜の念が記されている。この建王は、『書紀』天智天皇七年二月戊寅条に建皇子は「唖にして語ふこと能はず」とあって、言語に障がいを持っていたことが明記されている。

ここでは、建王にたいする斉明天皇の哀惜の念から考えていきたい。建王の死に対し天皇は「本より皇孫の有順なるを以ちて器重めたまふ。故哀に忍びず傷慟ひたまふこと極めて甚し」と述べ「要ず朕が陵に合葬れ」（斉明天皇四年五月条）と命じたという。また、天皇が紀温湯に行幸したさいに「皇孫建王を憶はしいでて、愴爾み悲泣びたまひ」とあって、三首を口号したという。

これらの記事から、斉明天皇が孫を失った悲しみを強調していると理解できよう。とくにこの場合、建王の母は蘇我山田石川麻呂娘の遠智娘で、皇位を継承しうる有力な立場にあった。それだけにその悲しみは深さと、肉親を失った寂寥感がにじみ出ている。

肉親への情愛という点では、先述の『古事記』垂仁天皇段の「本牟智和気王」においても、天皇の憂いが記述されている。この二つを比較した場合、本牟智和気王は出雲神の祟りを鎮めることで障がいの治癒が望まれるのに対し、建王は死亡という厳然たる事実が明示される。ここに、障がいに対する見方に明らかな相違を見せている。治癒が望まれると、そこに卜いや不吉なものに対する忌む姿勢が生まれ、差別・排除の方向が示されてくる。これに対し死の事実は、その人格そのものへの哀惜の念を生み、障がいという事実を越えた受容がなされたのではないか。

このような相違のなかに、『古事記』『書紀』の障がい者観が窺えるようにも思われる。しかし、障がいを障がいとして受けとめ、人格的な受容を示すには、多くの課題を残していたというべきであろう。

二　障害者排除の理由

次の問題点として、「海中の島に棄てむ」とした具体的な根拠を明らかにしなければならない。推古紀二十年是歳条では、「斑白」なることを「白癩」との見方を以て「其の人に異なることを悪み」としたのであった。そこで、こうした見方が現れたことについて分析していく。

まず考えられることは、「斑白」「白癩」に関しては、『延喜式』巻八、祝詞「大祓」に記される国津罪としての「白人」があげられる。「大祓」では、天津罪と国津罪をあげ、前者には「畔放、溝埋」など共同体の農耕生活に対する侵害行為があり、後者には「生膚断」や「己母犯罪」など神の怒りを招く原因となるような、あるいは既にそのなかに神の制裁が象徴的に示されているような穢があるとされる[19]。そのなかに「白人」「胡久美」が入っていることで、どのように解釈すべきかは、これまでにも多くの問題が提示されていた。

とくに『古事記』中巻・仲哀天皇段には「国の大祓」とされる事項に「生剝、逆剝、阿離、溝埋、屎戸、上通下通婚、馬婚、牛婚、鶏婚の罪」等を記す。ここでは『延喜式』の「大祓」と異なって、天津罪と国津罪との二分した考えはなく、その点からも、「大祓」よりも古い形を示すものとされる[20]。そして、ここには「白人」「胡久美」は記されていない。そこには、これらが「阿離」(畔放)、「溝埋」などと違って、農耕に結びつかないこともあって、共同体の秩序維持とは直接関わらない位置にあったことを意味している。その点で、「白人」「胡久美」が、「国之大祓」から「大祓」に至る過程のなかで、加えられた事項であったと考えることができる。

ここに加えられたことは「白人」「胡久美」が「病気の一種」をはじめとして多様な解釈を生んできた[21]こともあって、古代社会において、禁忌的な意味とは異なり例示的な意図が含まれていたとみることができるからである[22]。

とすれば、推古紀二十年是歳条において、「斑白」「白癩」であることを理由に排除しようというのは、罪として確立された段階においてなされたことではなく、「其の人に異なることを悪み」とすることに主眼があったとみることもできるだろう。それは、外見上の判断が優先される状況を物語っていて、この段階における障がい者観を示す。それは、先述の『古事記』垂仁天皇条の障がい観とも関わるものである。

三　受容への転換点

以上の検討により、推古紀二十年是歳条における排除理由を考えたが、それでは、なぜここで、この「路子工」「芝耆摩呂」なる人物を受け入れるに至ったのか、さらに分析をつづけたい。

推古紀の当該条文では、本人自らの言葉が記され、「白斑牛馬」の例示と「臣、小なる才有り」との主張によって、受け入れが認められたと記すが、そこにはどのような問題が所在していたのか。この問いに関して、これまでに二つの観点からの解釈がなされている。

第一は、伊藤義教氏によって提起された、路子工をペルシア人とする説である。(23) 伊藤氏の論拠は、「路子工」にはペルシア語の「明るい」の意味を持つ rah-askar を写音したものがあるとされ、「路子工」を「道路工事に明るいもの・道路設計の権威」と解釈された。その上で、伊藤氏は「かれは白皮症のようであったらしいが、これは白皙のペルシア人を見ての驚きを記したものであろう」と述べている。

先述のとおり、須弥山の造作に関して斉明紀には覩貨邏人、粛慎等の外来の人びとを饗応している。覩貨邏については、西域・タイ等の諸説があり、(24) 粛慎は日本列島北方に住む種族、沿海州ツングース族などの説があるが、(25) 朝廷にとっては外来の人びとにかわりなく、中国・朝鮮の文化圏に限らず広く人びとの往来があったことは、否定できない。

また、伊藤氏の説を受けた小林恵子氏は、「路子工」の「白斑」である点に注意されて、この「斑(まだら)」に関し、とくに斑の動物が拝火教で好まれることを上げられ、ゾロアスター教との関連を強調されている。(26)

このように、「路子工」をめぐっては、その外来性が問題となっていて、ペルシア文化・ゾロアスター教等、古代社会の謎の部分に対する試論が提起されている。また、先述のように広く文化の交流がなされてきたことも無視できない。とくに、推古紀二十年是歳条の場合、斉明紀に先行する部分を持ちながら、特異な位置を占める記事であることで、その背景に、ひととおりの議論では片づかない問題を含んでいることは確かである。しかし、これらの問題が古代社会にあっては表面に出されていない部分でもあることで、推測を重ねないと導き出せない展開となっていることも確かである。

したがって、「路子工」をめぐる議論にペルシア文化の渡来を導くことには、現時点で多くの前提を必要としている。その意味で、本稿の課題に即して考えると、「路子工」が排除されようとしたことが、身体の状況に関わるとする点で、伊藤氏の提起するペルシア人の白皙のレベルで理解すべきか否かが問題となるであろう。

推古紀二十年是歳条は、既述のように、百済からの渡来と「斑白」であることを明記し、その「斑白」を「白癩」との見方をしようとしている。それらの記述からすれば、排除の根拠に、白皙のペルシア人との理解が可能とは思われない。

とすれば、排除から受容にいたる過程には、さらなる見方が必要となろう。その考え方を提起するのが、田中史生氏の論である。田中氏は、「帰化人」問題を考察していく過程で、その受け入れにおいて律令国家にはみられない例として推古紀二十年是歳条を取り上げている(27)。田中氏の所説は①臣と称したことで、それが大王に対する表現であること、②「帰化」を認めたのはあくまでもその特技ゆえで、「倭王権が必要とする彼らの持つ技能・技術と関連して」いることをあげられている。さらに、田中氏は、律令国家は「帰化」に対し「仁」をもって対処しており、「帰化」を海中に棄てることは律令国家の論理では考えられないとしている。

このように、田中氏による受容の論理は、推古紀の当該条文から、臣と称して帰属の意志を明らかにしたこと、その特技を示したことの二点である。この議論により、『書紀』の段階における「帰化」問題が、排除と受容との分岐点を内包していたことになる。とすれば、田中氏の論からは、なぜ排除からの転換があったのかが問われなければならない。田中氏は「倭王権の対応の不仁を百済人に諭されて」いると述べられているが、そこに、排除から受容への転換点を求めるべきなのであろうか。臣と称した人物に諭されると考えることは、適切であろうか。むしろ、推古紀の条文から導くのではなく、その背景にある排除から受容への転換のダイナミズムを明らかにしてこそ、この問題の解決がはかられるのではないだろうか。

この排除から受容への転換のポイントは、朝廷側の受け入れだけの問題ではなく、排除の論理そのものが崩れる理由が何であったかにある。異なる要素をあげることで、排除を前に押し出した障がいに対する差別観が、特定の技術の伝来を打ち出すことで崩れたのは、そこに、文化交流の大きな潮流があり、それによって抑えることができない状況の到来を意味づけられたからではないか。

既に述べたように、推古紀のこの記事は、須弥山・呉橋の技術伝来を基礎に、斉明紀の記述の前提として位置づけられるもので、須弥山の持つ宗教的意義を一方で担い、外来の人びとへの効果的な饗応の意味を付与させたことで、この技術の伝来をとおして朝廷の側に重大な文化的影響を与えるものであった。このように考えるならば、特技を主張したところに文化導入の潮流を意味づけるポイントがあったとみなければならない。

この前提のもとに記述された推古紀二十年是歳条が、外来の技術・技能の受け入れによって、排除の論理を含めて大きく転換していくことになったことを記述することで、これまでの身体障がいへの差別観を変化させ、受容へと転換していくこととなったのではないだろうか。

そこには、僧や種々の博士の渡来から寺院建築をめぐる技術者など、数多くの文化の伝播等を含めて、めまぐるしく変化する社会状況があり、そのなかに、須弥山の造作技術、芸能集団の渡来があった。この須弥山に関しては、覩貨邏人、粛慎、蝦夷等外来系統の人びと、未だ服属していない人びとへの饗応を伴っていた。そこには、先述のとおり服属儀礼とともに誓約の場としての宗教的意味があった。新たな外来の技術によって、外来系統の人びとに対応する、そうした文化的、社会的な威信を内に持っていたことも確かであろう。

一方、ペルシア文化等を示唆する要素を含むとの指摘があることで、文化のより広い交流も無視できない。それらをあわせて、流動的で多彩な文化の渦が形成されていたことを考慮するとき、これまでにみられた差別観も、そうした状況のなかで、変化をきたすことになったのではないかと思われる。

もちろん、それが一定の効力を持って、社会的な変動さえも生み出したというわけではない。田中氏が提起するように技能があるから受け入れたのではなく、技能を持つ者がいたことで受け入れたということが基本であった。また、身体の障がいを異なるものとみることが、社会的に容易に変化し得るものとはいえないであろう。しかし、こうした変化の兆しをみせたことが、『書紀』においてその一齣として記述されたことにより、身体の障がいに対する見方、考え方に排除・差別とは異なる行動様式を提示することになりえたのではないだろうか。

この認識が、たとえば、戸令目盲条の規定のように、障がいを客観的に把握し、刑や税の軽減・免除等につながり、社会的にも浸透していくことになったように、もうひとつの社会基盤を形成させたともいえよう。

さらに、平安期の成立ではあるが、『聖徳太子伝暦』には、推古紀の当該条文に関する記事について「推古天皇二十年五月」とした上で次のように記す。

百済より化来たる人白癩の病あり。能く山岳の形を構たり。群臣悪みて将に棄てんとす。彼亦辞有り。太子奏ふ留めて仕へしむ。(28)

と明記している。ここには、推古紀の条文と異なるところもあるが、当該条文を参照にしたことは明らかで、排除の主体を群臣におき、受容の主体を聖徳太子にあるとする。このように、後世の聖徳太子伝の作者にとっても、この排除から受容への変化は、意義あるものと理解され、聖徳太子の功績として、ここに組み入れたのであった。こうした理解をなさしめたことで、太子信仰の中に吸収されていくべき側面もあったと考えることもできるであろう。

まとめ

以上の考察により、推古紀二十年是歳条がもたらす意義を見出すことができるであろう。その意味において、障がい者受容をはたしうる状況が、推古紀の記述をとおしてであるが、確認できるであろう。こうした受容については、技術への畏敬ということでの一定の限界もあるが、差別観が底流をなす中で、福祉思想への手がかりを示唆するものといえるのではないだろうか。そして、太子信仰の一部分に加わることで後世への影響がみられ、その理解の広がりも考慮されるべきであろう。

註

（1）『日本書紀』推古天皇二十年是歳条。『日本書紀』は、西宮一民ほか校注、新編日本古典文学全集『日本書紀』（小学館、一九九六年）から主に引用し、坂本太郎ほか校注、日本古典文学大系『日本書紀』（岩波書店、一九六五年）も必要に応じて参照した。

（2）新川登亀男氏は、この記事を「百済から渡来した某人が（中略）須弥山と呉橋を造ってみせたという伝承記事」とする（『日本古代の儀礼と表現―アジアの中の政治文化―』吉川弘文館、一九九九年、二五四頁）。

（3）大山誠一『古代国家と大化改新』吉川弘文館、一九八八年、二八五頁。
（4）上田正昭「雅楽と古代朝鮮」、『上田正昭著作集』第六巻所収、角川書店、一九九九年、初出は『季刊　三千里』第一四号、一九七八年。
（5）今泉隆雄「飛鳥の須彌山と斎槻」、『古代宮都の研究』所収、吉川弘文館、一九九三年。
（6）新川登亀男『日本古代文化史の構想』名著刊行会、一九九四年、第七章「中国南朝と百済と日本」。
（7）同右、一三五～一三六頁。
（8）同右、一三五頁において『続高僧伝』（大正新修大蔵経巻五十）に所載の僧旻が寺院伽藍の修繕（同書巻五）、慧超が「工占相」との技能（同書巻六）から造園に及ぶとされている。
（9）この推古紀二十年是歳条が、日本庭園の最初の記事として広く知られている（加藤允彦氏「日本庭園成立前後の問題」、奈良文化財研究所創立三〇周年記念論文集『文化財論叢』所収、同朋舎出版、一九八三年）。
（10）『日本書紀』推古天皇三十四年五月戊子条。
（11）金子裕之『平城京の精神生活』角川書店、一九九七年、一九七頁。なお、金子氏によれば、「嶋の宮」推定地では「人頭大の玉石で護岸した方形池と、岸辺が蛇行する『曲池』がみつかっている」とし、前者の建設は「七世紀初めで、下限は十世紀末」とする。また、この方形池に飛鳥期庭園の特徴があるとされる（「嶋と神仙思想」、国際日本文化研究センター主催国際シンポジウム「東アジア文化と道教思想」、一九九九年三月十二日開催）。
（12）森田悌『天皇号と須弥山』高科書店、一九九九年、一三～一七頁。なお、森田氏は「憲法十七条」などを論拠に、「仏教を国家の公定宗教としようとする方針」を説いているが、「憲法十七条」には仏教だけでなく、儒教の立場が明示されていて、必ずしも仏教を公定宗教とするわけではない。
（13）北條勝貴「日本的中華国家の創出と確約的宣誓儀礼の展開―天平期律令国家を検討する視点として―」、『仏教史学研究』第四二巻第一号、一九九九年。
(14)「職員令」雅楽寮条に「伎楽」を「謂娯楽」とする(『令集解』巻四)。また、新編日本古典文学全集『日本書紀』二、五六八頁頭註には「古代チベット・インドの仮面劇」と記す。
(15)日本古典文学大系『古事記・祝詞』(岩波書店、一九五八年)の当該条の頭注では、「水蛭子」から「手足もない水蛭(ひる)のような形をした不具の子の意か」とする。一方、新編日本古典文学全集『古事記』(小学館、一九九七年)の同条の「水蛭子」に関する頭注では「島生みの初めに生んだもの。『……島』とはいえない失敗作。島たりえないぐにゃぐにゃのものを蛭にたとえていう」とある。この間の研究の進展が註にあらわれているといえよう。
(16)三品彰英「記紀の神話体系」第六節「国生みと諸神出生の神話―イザナギ・イザナミ二神の物語―」、『日本神話論』所収、平凡社、一九七〇年。
(17)次田真幸『日本神話の構成』第一章「蛭児神話と太陽神信仰」参照、明治書院、一九七三年。
(18)岡田精司『古代王権の祭祀と神話』塙書房、一九七〇年、二四九頁。ここで、岡田氏は水上来臨神話から山上降臨神話への歴史的転換をあげられている。
(19)石尾芳久「天津罪国津罪考」、『日本古代法の研究』所収、法律文化社、一九五九年。
(20)石母田正「古代法小史」、『日本古代国家論』第一部所収、岩波書店、一九七三年。石母田氏はここで、天津罪が神代史におけるスサノオの罪と一致していることをあげて、「大祓」の成立が記紀の神代史の構成を前提としたものであるとする(同書、一七〇頁)。
(21)大倉精神文化研究所編『大祓講義』大倉精神文化研究所、一九三八年、一二二～一二三頁。
(22)石母田正、前掲註(20)書、一七〇頁。
(23)伊藤義教『ペルシア文化渡来考』岩波書店、一九八〇年、二四～二七頁。

（24）日本古典文学大系『日本書紀』下巻、五七五頁参照。新編日本古典文学全集『日本書紀』三、一九八頁頭注では「タイ国のドヴァーラヴァティとする説が有力」とする。

（25）新編日本古典文学全集『日本書紀』二、四〇二頁頭注に「日本列島の北方に住む種族」とあり「特定の一種族をさす語ではない」とする。日本古典文学大系『日本書紀』下巻、九一頁頭注に「蝦夷の一部、ツングース族などの説」がある旨、記す。

（26）小林恵子『聖徳太子の正体』文藝春秋社、一九九〇年、一〇七頁。

（27）田中史生『日本古代国家の民族支配と渡来人』校倉書房、一九九七年、一七九～一八一頁。なお、田中氏はここで、大宝令段階では「帰化人」受け入れにさいし、戸令没落外蕃条に唐令にはなかったと思われる「若し才伎あれば、奏して勅を聞け」との句があることを指摘され「律令国家成立以前の渡来者に受け入れと彼らの持つ技能との関連性が令規定にも影響していた」とされており、新たな技術の伝播が令の規定に及ぶ可能性を示唆されている。この点でも、技術の伝播の文化的影響の大きさをみなければならないだろう。

（28）『聖徳太子伝暦』巻下（『続群書類従』第八輯下所収）。引用にあたっては、国文学資料館・日本古典籍総合目録データベースより「宮内省書陵部画像一覧」から同書を閲覧し、訓読の参考とした。
http://base1.nijl.ac.jp/iview/Frame.jsp?DB_ID=G0003917KTM&C_CODE=0020-56313（二〇一八年一月十四日）

第三章　行基集団における女性参加

第一節　歴史資料からみた女性参加の問題点

はじめに

行基研究において、その集団構成をめぐる考察はこれまでに数多くの成果が明らかにされてきている。これまでの議論では、平城京での活動、政府による禁圧、畿内各地への広がりなどの経緯により、在地での民衆や豪族との関わりなどが議論されてきたのであった。また一方において、行基集団における女性参加の問題も注目すべき課題のひとつである。この点については、すでに田村圓澄氏が行基の土木事業において果たしてきた女性の役割に関して分析しており(1)、また勝浦令子氏は養老六年(七二二)太政官奏を起点に、女性参加の宗教的社会的意義について多角的に検討するなど(2)、一定の成果が提示されている。

こうした研究成果を継承しながら、行基集団への女性参加について考えると、行基の活動の広がりをふまえて、全体的な視野のもとに、この問題を議論すべきではないだろうかと考える。その全体的視野を構成するのは、『続日本紀』をはじめとする文献史料や、近年、発掘調査報告書が刊行された大野寺土塔の文字瓦など考古学上の資料を含めた歴史資料と『日本霊異記』にみる伝承・説話資料などがある。それらを活用していくことで、ここでいう全体的視野が可能となるのではないか。これらを基礎にして分析していくことで、女性参加の問題点も深化させることができるのではないだろうか。

さらに、行基集団への女性参加が明らかな反面、行基没後の行基集団の構成員を記したとされる『大僧正記』には、尼僧が明記されていないという問題もある。女性参加が明確であるのに、こうした問題がなぜ生じたのかも改めて問う必要がある。

このように、行基集団における女性参加の問題は、一定の成果を得ているが、解明すべき点も少なくないと考える。そこで、本節では行基に関連する資料を手がかりに、その問題解決の糸口を探っていくことにしたい。まず、歴史資料というべき『続日本紀』『行基年譜』、行基関連遺跡として注目を集める文字瓦などを分析対象にして検討することにしたい。『日本霊異記』にみる伝承・説話資料については次節で検討することとする。

一 『続日本紀』行基関連記事にみる女性参加

正史である『続日本紀』には、行基集団の特質を明らかにしている記事がいくつかみられるが、とくに女性の存在を明示しているのが、養老六年七月の太政官奏である。この奏は仏教統制に関わる二つの奏で、その後者に女性参加に関わる記事がみられ、次のように記している。

また奏して言さく、「化を垂れ教を設くること、章程に資りて方に通す。俗を導き人を訓ふること、彝典を違ひて則ち妨ぐ。近在京の僧尼、浅識軽智を以て、罪福の因果を巧に説き、戒律を練らずして、都裏の衆庶を詐り誘る。内に聖教を黷し、外に皇猷を虧けり。遂に人の妻子をして剃髪刻膚せしめ、動れば仏法と称して、輙く室家を離れしむ。綱紀に懲ること無く、親夫を顧みず。或は経を負ひ鉢を捧げて、街衢の間に乞食し、或は偽りて邪説を誦して、村邑の中に寄落し、聚宿を常として、妖訛群を成せり。初めは脩道に似て、終には奸乱を挟めり。永くその弊を言ふに、特に禁断すべし」とまうす。奏するに可としたまふ。(3)

とあり、とくに行基を名指しにしたものではないが、ここには「浅識軽智」や「罪福の因果を巧に説き」など、行基とその弟子集団を禁圧した『続日本紀』養老元年四月詔と重なるところがあり、同年以降の平城京を中心とした行基集団の活動の上に位置づけられるものである。また、ここでは「人の妻子をして剃髪刻膚せしめ」とあって明確に女性の参加が示されている。これにより「輙く室家を離れ」「親夫を顧みず」という事態となっていると指弾している。この奏に関して、『類聚三代格』所載の「太政官謹奏」ではさらに次のように述べている。

望み請ふらくは、京城及び諸国々に分かち判官一人を遣し、其の事を監当し、厳しく捉搦を加ふ。若し此の色あれば、所由の官司即ち見任を解く。其の僧尼一同、詐りて聖道と称し百姓を妖惑すると同じ、律により罪を科す。その犯は即ち百杖を決す。勒して郷族に還す。主人隣保及び坊令里長並びに杖八十を決す。官当陰贖を得ざれば、状を量りて前の如し。伏して天裁を聴く。謹んで以て申聞して謹奏す。勅を奉じて奏による。(4)

とあって、律による科罪さらには「郷族に還す」などの処置を明らかにしている。こうした罰則規定により、行基集団は平城京から畿内各地での活動へと方向転換していくことにもなったのであった。

さて、この「太政官奏」に関して、勝浦令子氏は、養老元年四月詔の非難対象が「百姓」「四民」など漠然としていたのにたいし、ここでは明確に「人の妻子」にむけられ、「室家を離れ」「親夫を顧みず」などから、「綱紀に反する」状況にあり、そこに「家族道徳」の秩序を乱すことへの非難でもあったと指摘した。ここから、行基集団への民衆参加の特質が従来から説かれていた「課役の忌避」だけではない意味があったと、勝浦氏は提起したのであった。

この提起には、養老元年四月詔が提示した社会的な「擾乱」が、行基集団への女性参加により「家族道徳秩序」へと導かれる問題が内包されているとみることができる。それは、「擾乱」が社会的にはいっそう深刻化していく意味とも重なっていたと捉えることができ、それゆえ罰則を適用することにもなったと解することが可能であろう。

次に『続日本紀』には行基集団内の優婆塞、優婆夷への得度を認める天平三年（七三一）八月詔が登場する。

詔して曰はく。「比年行基法師に随遂ふ優婆塞優婆夷等、法の如く脩行する者は、男は六十一已上、女は年五十五以上、咸く入道することを聴す。自余の鉢を持ちて路を行く者は、所由の司に仰せて、厳しく捉搦を加へよ。その父母・夫の喪に遇ふことありて、期間以内に脩行するは論ふこと勿れ」とのたまふ。(5)

とあって、法の如く修行する優婆塞、優婆夷のうち一定年齢以上の者に得度を許すというものである。この詔は行基集団の一部公認として位置づけられ、養老年間の禁圧政策を経て、天平初年前後の活動の広がりと関わって出されたと考えられてきている。

ここでの女性参加の問題は、得度を許可された優婆夷の年齢が五十五歳以上となっていることである。優婆塞は六十一歳以上とし、老丁（次丁）と同じ年齢であることで、それが根拠となると考えられるが、五十五歳以上は何を根拠とするのかが問われてきた。

この問題に関しては、二葉憲香氏が鰥寡の年齢区分に注目して、『令集解』戸令鰥寡孤独条に記載される寡の年齢（五十歳以上）との関わりを提起している。(6) 一方、先述の勝浦氏は、「和泉監正税帳」「出雲国大税賑給歴名帳」などを精査し、寡が多く賑給対象となっていること、五十五歳以上の寡婦が高い比率を占めることなどをあげているが、ならば五十歳以上とすべきではなかったとした。そこから、賦課の対象外である女性にも労働力徴発の規定などを例に、父母、夫の喪により力役免除の対象となりえたのではないかとし、仕丁よりも四年早く開始された「朱説」（令集解賦役令三八）を援用して五十五歳以上を推察した。(7)

これら先学の分析から、鰥寡における男女の年齢差が前提にあったこと、また女性を労働力として徴発する規定の存在などから、女性が律令制のもとで賑給および賦課の対象として位置づけられていた。こうしたことから、六十一歳、五十五歳は男女の性差および労働力の差をふまえての設定であったと理解することができる。とすれば、この年齢区分を設けた政府の側からすれば、男女が統治対象として一定の役割を終えた年齢と捉えていたと考えるべきであろう。したがって、年齢差はあるものの、ここには男女ともに同様の処遇をするという立場でもあったといえるであろう。

行基集団に対する政府の側からの容認は、こうした立場を適用することで成立したのであった。そして、それは、同時に男性参加者とともに同等ともいうべき条件のもとで、女性の参加が意味づけられていたことでもあった。牛山佳幸氏は奈良時代から平安初期にかけては女性に対する蔑視思想や不浄観が存在しないと述べている(8)。この段階での僧尼の格差というべきものも考え難い状況にあったと考えることができる。そうした点からも、男女を同等の要件で得度を認めることが年齢差となって現れているとみることができる。

このように考えると、養老六年太政官奏にて示された女性・年少者の行基集団への参加は、家族道徳秩序に反するものとして捉えられていたが、天平初年以降の活動形態の変化から、修行要件や年齢制限をかけながら女性にも部分的に得度を認めるに至ったものといえる。ここに、行基集団における女性参加が一定の比重を有して展開していたことを明らかにし、一貫して活動の核心にあったとみることを可能にさせている。かかる女性参加によって、男女がともに活動を支え、集団的規模での行動を広げたことで、女性参加が福祉実践としての内実を明らかにしていくことにもなったのである。

二 『行基年譜』にみる尼院

安元元年(一一七五)、泉高父の著作である『行基年譜』は、周知のように院の建立を年代ごとに記し、農耕および交通関連施設などを天平十三年条に一括記載するなど、行基の活動を今日に伝える貴重な資料である。(9) この『行基年譜』には尼院の所在地もあわせて記し、女性参加の一翼を明らかにしている。この尼院を手がかりに分析していくことにしたい。

行基が建立した院は「四十九院」とされるが、行基の没後である『続日本紀』宝亀四年(七七三)十一月辛卯条には「惣四十余処」と記す。一方、『続日本紀』天平勝宝元年(七四九)二月丁酉条の行基卒伝には「凡そ四十九処」とあって、若干の相違がみられる。そこには『続日本紀』編纂時の延暦十六年(七九七)と行基没後の間もない宝亀年間では、その認識に多少の差があったとみることができる。一方、『行基年譜』ではその建立院は「四十九院之外」とする二つの院と、行基を「報恩」するために建立した大庭院などを含めて五三箇所に及ぶ。なお、『行基年譜』以前に成立していたとされる『行基菩薩伝』(続群書類従伝部所載)には「僧院三十四、尼院十五」とある。同書は各院の所在地、建立年次等を積み上げて記載していないため、「四十九院」という前提でその数値を記したものといえる。これらの点から、行基建立の院は四〇余という認識から、「四十九院」という理解へと高められたとみることができ、行基没後には五三を数えるに至ったと推察できる。

さて、尼院に関しては、別表のとおり一三の尼院が『行基年譜』から確認できる。この数は全体を「四十九院」とすれば二六・五%で、「五十三院」とすると二四・五%にあたり、およそ全体の四分の一程度となる。建立年次は概ね神亀~天平期で行基の活動が禁圧された養老年間以前にはみられない。その所在地は、摂津国四、和泉国三、河内・大和・山城国二となっている。

その名称をみていくと、そこに二通りの名称記載の方法が見受けられる。その第一は、単に「尼院」と記載する九例と、第二に、「隆福尼院」など固有名詞を冠するものが四例ある。前者はいずれも僧院に対応している。後者の場合は、対応する僧院と名称が異なる二例（薦田尼院―救（枚）方院、山城国隆福尼院―発菩提院泉橋（橋）院）と尼院単独の一例（深井尼院）がある。但し、この「隆福尼院」は大和と山城にあると記述されているが、山城の場合は地名からみて「発菩提院・泉橋（橋）院」に対応する尼院とみることができる(10)。

建立が早い清浄土院のように、僧院が大鳥郡葦田里で尼院が同郡早部（日下部）郷と所在地が異なる例、天平三年建立の「隆福尼院」（大和国添下郡登美村）のように、僧院の建立が養老二年の場合もある。

こうした尼院のデータから、どのようなことがいえるのであろうか。まず、土木事業における男女の役割分担の違いなどから女性参加の問題を取り上げた田村圓澄氏は、男性が重労働、女性が工事に関わる人びとの食事・宿泊・看護にあたったとし、そこから僧院と尼院との関わりを論じられている(11)。

先述の勝浦氏は、「四十九院」の所在地等の信憑性に関わる議論を検証されながら、尼院の問題を分析されている。まず、清浄土院に対応する尼院は最初の例であるためか、意識的に僧院と離そうとしたのではないかとされ、尼院と僧院と所在地が一致する例には土木工事との密接な関係がみられるとし、女性労働の役割の大きさにも言及されている(12)。

田村・勝浦両氏の論からも、行基の活動形態が交通、農耕関連施設の建設などに向かう時期と尼院の広がりとの関連が明らかにでき、女性参加が拡大していく要因を傍証することとなっている。しかし、尼院建立へと導くには、さらに問うべき課題があるのではないだろうか。そこで、尼院の名称に関わるところを考えてみたい。

尼院として独自に建立されたことは、女性参加が促され、尼僧が輩出されたことで可能となったと考えることができる。尼院の存在はそれを明らかにし、天平三年の詔も条件づきで優婆夷の得度を認めたことで、それを根拠づけている。ここに尼院の存在理由がある。とすれば、単に尼院と記すものと固有名詞を冠するものとに一定の差が生じているのではないか。つまり、固有名詞を冠することで、その尼院に独自な意味があったのではないだろうか。

固有名詞を冠する尼院は四例である。二つの隆福尼院と鷹田尼院・深井尼院で、僧院と同名なのは天平三年の隆福尼院(大和国)で、僧院・隆福院は養老二年建立としている。養老年間に平城京を中心に活動していたことから。この年次の建立には一定の信憑性がある。そして尼院が行基集団への得度が認められたのと同じ年次であることから、隆福院に尼院も建立されたとみることができる。

この隆福尼院については、次節の検討対象となる『日本霊異記』中巻第八縁において、「富の尼寺」として登場し、「置染臣鯛女は、奈良の京の富の尼寺の上座の尼法爾之女なりき」と記している。その内容の詳細は次節で述べるが、その立地点の「富」と隆福尼院の「登美」からみて、「富の尼寺」と隆福尼院とは同一とみてよいだろう。そして、ここに「上座」という寺務を統括する職務者を置いていたことで、組織的運営が図られていたことを示唆している。史料上の信憑性など議論すべき点は残るが、尼院が一定の組織的構造を保ち、持続的に運営されていることは、尼院の存在を考える上で意義を有するものといえる。

また、もうひとつの隆福尼院については、対応する僧院が「発菩提院・泉橋(橋)院」であることから、須田清子氏は「泉橋尼院」と称すべきものとしている(13)。僧院との対応からみると須田氏の見解に妥当性はみられるが、そのように称されたという確証はなく、機能として「称すべき」ものとみることができる。ともあれ、僧院とは別に固有名詞を冠することでの独自性をみることもできよう。

もう一方で、単独の尼院である深井尼院はどうであろうか。この深井尼院は「香琳寺」と注記され、その「香琳寺」は大野寺の尼院に「今香琳寺敷」と注記されている。『行基年譜』に「香琳寺」と称すべき寺院が二つ記されている。吉田靖雄氏は、近世史料である『和泉誌』(『五畿内誌』和泉之二)に記される「香林寺」は行基開創として大鳥郡深井村に近世まで存続したとされている[14]。とすれば、大野寺の尼院が「香琳寺」に併合されるなどの経緯があったのかもしれない。いずれにせよ、単独の尼院である深井尼院は一定の基盤を得て存続していたとみることができる。

このように考えると、尼院に持続的な組織があった可能性があり、固有名詞を冠する尼院に一定の活動実績をみることができる。しかし、四十九院全体に占める尼院の割合や併存という方式が多く取られていることなどから、僧院を主体とする院の建立であったとみることもできる。その意味で、尼院が僧院との併存というかたちに留まっていたが、そのなかにあって独自の組織や活動実績を有する尼院が存在したとすることができる。

三　文字瓦にみる女性参加

前節まで文献資料をもとに行基集団における女性参加を検討したが、ここでは、近年著しい進展をみせた大野寺土塔(以下、土塔と略記)の発掘成果を含めて、文字瓦にみる人名記載の例およびそこから窺われる女性名をとおして、女性参加を考えていくことにしたい。

土塔の文字瓦に関しては大正四年(一九一五)に高橋健自氏により紹介され、戦後、森浩一氏によって土塔の築造年代を含めた考察がなされた[15]。この森氏の考察で土塔および文字瓦の概要が明らかとなったが、平成九年(一九九七)から土塔周辺部を含めた発掘調査が堺市教育委員会により開始され、膨大な量の文字瓦が出土した。この発掘調査報告書も既に刊行され、多くの成果が公開されてきている。ここではまずこれらの成果によりながら、検討していくことにしたい[16]。

表1　『行基年譜』所載の尼院

年次	尼院名	所在地	対応する僧院
神亀元年	尼院	和泉国大鳥郡早部(日下部)郷	清浄土院　高渚 大鳥郡葦田里
神亀五(四)年	尼院 今香琳寺歟	和泉国大鳥郡大野村	大野寺
天平二年	尼院	摂津国西成郡津守村	善源院　川堀
同	尼院	摂津国兎原郡宇治郷	船息院
同	尼院	摂津国嶋下郡穂積村	高瀬橋院
天平三年	尼院	河内国丹比郡狭山里	狭山池院
同	隆福尼院	大和国添下郡登美村	隆福院　登美 養老五(二)年建立
天平五年	薦田尼院	河内国茨田郡伊香村	救(枚)方院
天平六年	深井尼院 香琳寺	和泉国大鳥郡深井村	――
天平九年	尼院	大和国添下郡矢田岡村	頭陀院　菩提
天平十二年	隆福尼院	山城国相楽郡大狛村	発菩提院泉橘(橋)院
同	尼院	山城国紀伊郡石井村	布施院
天平十七年	尼院	摂津国西成郡御津村	大福院　御津

※『行基年譜』の記事には明らかな誤記とみられる事項があり、それを(　)で補っている。

既に明らかなように、大野寺は『行基年譜』神亀五(四)年(七二八(七))に建立され尼院も同じく建立している(表1参照)。土塔の発掘調査により神亀四年の銘を有する軒丸瓦も発見されており、大野寺、土塔、行基との関連づけが実証された(17)。

土塔の文字瓦の大半を占める人名瓦に関しては、森浩一氏が分析をされ、その後の発掘調査での成果をもとに岩宮未地子氏が詳細に検討している。まず、森氏は九二例の人名瓦から、(一)姓と名を有するもの、あるいは姓のみのもの、(二)僧尼名、(三)名のみを有するものの三類型に分けて考察対象とした。

これに対し、土塔の発掘調査に直接関わり、膨大な量の文字瓦に接してきた岩宮氏は、総数一一一七点の文字瓦について次のように分析されている。残存状態が悪いなかで人名文字瓦一〇六九点があり、一文字も判読できない、一文字しか判読できない文字瓦が半数以上の五五五点あるとした上で、この五五五点を除く五一四点を第一の分析対象とし、無姓(名のみ)二七四点(五三・三%)、僧尼九八点(一九・一%)、有姓九四点(一八・三%)、無姓(氏あり)四八点(九・三%)とした。第二の分析対象は、第一の対象の内、名前が完全に残っている文字瓦一六八点である。ここでは無姓(名のみ)八九点(五三%)、僧尼五二点(三〇・九%)、有姓二二点(一二・五%)、無姓(氏あり)六点(三・六%)という。また、僧尼と在俗との比率は第一の対象で二対八、第二の対象で三対七となる。さらに、女性名については、その判断が難しいとした上で、名が最後まで残っているなどの条件に合致する三六五点のうち、「刀自」「女(売)」などを含む女性とわかる文字瓦は、第一の分析対象で五九点(一六・一%)、尼僧については僧尼名を示す八四点のうち、四点(五%)であったという(18)。

このような量的な分析をされているが、第一の分析対象と第二の分析対象で一〇ポイント以上の差があったのが、僧尼の場合である。そこには、第二の分析では名前が完全に残っているという条件であるため、僧尼名は数文字で完結することから残存状態が良好であった可能性も考えられ、その差が必ずしも意味のあるものとはいえないようにも思われる。

岩宮氏はこれらの文字瓦が戸籍・計帳のような公文書ではなく、人びとが直接書いた資料であること、さらには残存状態が悪く判読不明のものが多数ある状態であることなどから、行基集団の内実を議論することは慎重であるべきと指摘する。この指摘のように、実態を表すと判断することは必ずしも適切ではない。しかし、ある程度の実態を何らかのかたちで反映しているとみることは誤りともいえないだろう。その意味で女性名の多寡を論じるのではなく、女性参加の動向をどう探っていくかが鍵となるのではないだろうか。

なお、人名瓦の記名者については、既に明らかにされているように、その大半が異なる筆跡であることから、基本的にその名前は各自で記したものが多いとされている。土塔の発掘調査に直接関わった近藤康司氏は、基本的に各自で行ったが全てがそうであるとは限らないとし、二人の人名を同一人物が記名した例や別名で同筆の例などあげているが、[19] いずれも限られた例である。

そうした議論を前提にした上で、しかも女性名と判断することの難しさをふまえていうならば、現状では男性名に比して女性名を表す文字瓦の数は少ないことである。そのことの意味は何であろうか。

土塔の規模や文字瓦の出土状況からみて、相当大規模な工事を要したと考えることができる。[20] そういった多くの労働力を必要としたことから、集まった人びとの多くが男性であったとみることができ、女性の労働力による参加がある程度限定されたとみることもできるだろう。

一方、尼僧の場合は、天平三年詔にあるように得度には一定条件および年齢制限があったことから、いっそう限られた状況があったとみることができる。それが、現状では数パーセントであることを示していると考えることができる。

こうした点で、土塔の場合は労働集団としての性格を基礎に参加した人びとがそれぞれで記していく方式を多く取ったことで、知識集団の意味合いをうちに含めることができたと考えることができる。しかし、その方式に関しては、土師郷をはじめ土塔近隣の指導層である在地豪族の影響下にあったとする見解があり、また姓を記さない人名瓦にもその必要性がないために記さなかった等の説も提示されている。[21]

これらの議論は、今後さらに論点を整理しいく必要があると思われる。断片的な文字瓦が圧倒的に多数を占めるなかで、分析していく視点が漸く揃ってきたというところではないだろうか。そこで、女性参加に関しても、女性名の根拠が限定されていることなど、分析する上での壁が少なからず存在している。これらの問題点を確認し、男性に比して少ないとはいえ、一定規模での女性参加が土塔の造成事業から明らかにされたのであった。

次に、文字瓦が出土している山崎院について検討してみたい。京都府乙訓郡大山崎町における発掘調査から、大量の人名文字瓦が出土したことで、『行基年譜』天平三年に建立と伝える山崎院との関連が注目された。同町における山城国府跡発掘調査の第二〇次調査（一九八九年四月）から出土した文字瓦について清水みき氏が分析し、さらに、林亨氏がこれまでの同地における発掘調査の経緯を含めて、山崎院であることを改めて根拠づけている(22)。清水氏の論考から人名文字瓦の概要を述べておきたい。

清水氏は「山崎院」関連文字瓦を出土した調査地点ごとに八二の文字瓦をあげ、その中から、僧尼、氏姓、名のみに分類できる人名を四九点五四人（一点に複数名を記す例がある）とし、僧尼が約二割、在俗者が約八割でその内訳は氏姓を有するもの三二％、名のみ四八％とされた。ただこの分類は、一文字だけ判読できるものについて姓や名を推測するなどの例もあり、推測の妥当性について難しい場合があるように思われる。女性名については「女」「刀自」といった明らかな女性名の例は、七例で約一三％となるが、清水氏は主要な供給源である窯から出土した文字瓦のグループ（清水氏はⅠ・Ⅱ群と分類）では、僧侶を除く在俗者で性別が判明する者の半数近くが女性とする。出土状況から同筆と推測できるもの、同種の筆記具を共用しているものもあり、何人かの手によって作成されたとされる。

清水氏はこれらの分析からさらに踏み込んで、他に何ものも持たない民衆が本当に知識という名の無償労働に耐えられたのだろうかとの疑問を提起され、「行基のもとで布教や社会事業を実践しえた中心的存在は、やはり豪族、豪富の民と彼らを出身母胎とした弟子僧であったことを文字瓦の分析結果は示唆している」との見方を明らかにしている。

こうした清水氏の指摘をふまえて、先述の岩宮氏の分析と比較すると表2のとおりであるが、僧尼の場合は近似の

表２　山崎院と大野寺土塔人名瓦　比較数値

	山崎院（%）	大野寺土塔（%）
僧尼	20	19.1
氏姓	32	18.3
無姓	48	62.6

山崎院のデータは清水みき氏の論文による
大野寺土塔のデータは岩宮未地子氏が提示した「第一の分析対象」による

数値である。氏姓に関しては二〇ポイント近くの差がある。名のみの場合は数ポイント差でやや近い数値となっている。

こうしたデータから、土塔と山崎院の人名瓦数値上のデータには近似している場合もあるようだが、山崎院と土塔の場合は、人名瓦を基礎とすることでの共通点はあるが、院の建立と大規模な土塔の造営であるという違いがあり、前者の場合、文字瓦記名者が何人かの手によっているとされているのに対し、後者ではその多くが各自の記名であるという点での相違などもある。

これらの共通点、相違点などを勘案すると、二割程度の僧尼の存在がともにみられる点で、僧尼集団が造営の指導層として存在した可能性がある。そこには、山崎院の文字瓦の記名者がある程度限られていることからも、僧尼集団による指導が考えられる。その一方で、名のみの無姓者が半数前後存在する理由をどうみるか、有姓者の役割がどこにあったかなどが問われる。

そこで問題となるのが、有姓者の数値上の相違である。山崎院の記名者が限定的に把握されていることと土塔の記名者の多くが参加者各自でなされた点であるという相違点と関わらせると、前者が有姓者の参加意識がより強く表れていると理解でき、そこに清水氏が指摘するような積極性が知識としての理解につながっているとみることもできよう。

こうした点から、山崎院の文字瓦における女性名の存在は、造営に関わる知識集団への女性の参加が意味づけられているとみることができ、数値上では尼院がなかったことなどから、多数に上るということではなかったとみることができる。

四　「瑜伽師地論」の写経と女性参加

次に天平二年九月の「瑜伽師地論」の写経事業への女性参加について検討することにしたい。前項までは行基が直接関わったとすることができる歴史資料であるのに対して、この事業は直接行基が関わったことが記されていない。しかし、これまでの幾多の議論から明らかなように、行基卒伝にある「瑜伽唯識」を読了したとの記事などから、「瑜伽師地論」が行基の思想基盤であり、そこに説かれるところとその福祉実践は深く関連している。こうした点から行基との関連が示されている。

この「瑜伽師地論」の末尾および奥書には次のように記されている。(23)

瑜伽師地論巻廿六　　書写石津連大足
和泉監大鳥郡旱部郷天平二年歳次庚午九月書写奉
大檀越　優婆塞練信
　従七位下大領勲十二等旱部首名麻呂　総知識七百九人　男二百七十六人
　　女四百三十三人

このような記述からわかるように、優婆塞練信と日下部首名麻呂のもとで七〇〇余人もの知識集団による写経事業を展開したことになる。この日下部首名麻呂は郡司であることを示す大領の地位にあることから、日下部郷を本貫に大鳥郡を配下に治めていた豪族と考えることができる。この大鳥郡において行基は鶴田池(早部郷)・鶴田池院(凡山田村)などの造作に関わったことが『行基年譜』により確認できる。

これらのことから、この写経事業が行基の影響を受け、日下部氏を指導者とする事業とみることができる。その上で、男女の参加人員を比べると、男性が三九%であるのに対し女性は六一%を占め、女性の参加が三分の二近くなっている。男女比の開きからみて、日下部氏の配下の人びとを動員した事業とは考えにくく、女性参加の意味が問われることになる。また、知識集団に関わって土塔の場合との比較検討も必要となる。

前項までの検討からすると、行基の活動への女性参加は必ずしも多いとはいえない。そこには、課役対象となるのが成人男性を主としていたこととも関連し、行き場を失った人びとを受け入れてきたことも想定できる。土塔の場合も労働をともなうことで、女性の参加が男性に比べて少なくなっているのではないか。

写経事業に関しては、知識としての参加が、この事業への賛同者を原則とすることであっただろう。そこにどの程度の強制力が働いたかは即断できないが、むしろ血縁・地縁等の関係を含めて、一定の広がりのなかから実施されたと考えるべきであろう。(24)

となれば、なぜ女性参加が男性を大きく上回ったのだろうか。そこには、土塔の場合とは異なる次の二点があるのではないだろうか。

まず、写経事業は労働をともなう作業ではないこと、財物等の施与等を基礎に実施されることが想定できることである。(25)次に、総人員が七〇九人でその内訳を男性、女性の区分としたことで、自らの姓や名を明らかにしなかったことがある。

この二点から、前者にあっては労働力を必要としないことで女性参加が広がる可能性があったと理解できる。後者にあっては知識集団を特色づける根拠が総人員と男女の区分だけであったことで、その人員の属性等に特段の意味を求めていない。それは檀越である練信や名麻呂にとってある程度把握できる人びとが含まれていたのではないだろうか。そのため、その範囲は限定的であったのではないか。それゆえ、先述のように血縁・地縁等の関係を基礎に、かれらの影響下で事業展開したことを意味する。しかもその事業は、課税対象外にある女性を多く含むことで、その権力的な数値を誇示することよりも、女性が男性よりも写経事業により深い関心を示したことになるのではないだろうか。

五　『大僧正記』に関して

ここまでそれぞれの資料から女性参加の例を検討してきた。冒頭でも述べたように、行基没後の行基集団を構成した僧を列記した『大僧正記』(26)には、「十弟子僧」「翼従弟子千有余人」「故侍者千有余人」「親族弟子百余人」等の項目があるが、そこに列記されている三四人の僧のなかに尼僧と判断できる人物はいない。「十」「千」「百」と数値をあげているなかでの三四人はその全体を推測するには少ない数値である。その意味で尼僧が見出されないということでの結論は適切ではないかもしれない。それでは、この段階で現れてこないことは、何を意味するのか。

尼僧の地位をめぐる問題を検討した勝浦令子氏は、僧尼統制機関である「僧綱」が男性僧だけの組織であり、尼のトップ集団に与えられる「大尼」も称徳天皇没後には改変され、衰退していったことを明らかにした(27)。なお、先述したように『日本霊異記』中巻第八縁に、行基に「供侍」する「置染臣鯛女」は「奈良の京の富の尼寺の上座の尼法邇の女」と記されている。この「富の尼寺」が「隆福尼院」に該当し、同院において「上座」という寺を統轄する役職が示され、行基建立の院が組織的に運営されていたことを示唆している。

このように勝浦氏の指摘と『日本霊異記』の記述から、国家的な機関にあっては男性僧が中核を占めてはいたが、尼僧も寺院管理者としての職務を担っていた。しかし、公的機関への進出とは必ずしもならなかったことで、高い地位を有していたわけではなかったことになる。

『大僧正記』を分析した吉田靖雄氏は、大仏開眼における花厳会で都講となった景静、鑑真を難波に迎えた法義、内供奉十禅師に任じられた光信などの例から公的に活躍した人物がおり、官僧であった人物も少なくなく、その地歩を築いてきた僧がいると解している[28]。そのような点からも、官僧の出身者が指導層となっていたことは明らかである。

このようなことから、尼僧が僧綱などの公的機関に直接関わらなかったことで、その活躍の場を広げることに限界があったと考えることができる。官僧出身者はそれだけ公的な場での活躍の可能性があり、史料の上に残されることにもなった一方で、尼僧の活躍の場が十分ではなく、『日本霊異記』のような説話資料にその活躍の場を示すに留まったのであろう。そうした意味で、行基没後の集団がさまざまに分化していくことにもなる[29]。そのようなことから、尼僧が尼院という場で活動できた行基在世時こそ、活躍できた時期ではなかったろうかと考えることができる。また、「深井尼院」（「香琳寺」）が「香林寺」として近世史料に名を残していることは、どのような経緯を有したかは不明な部分も多いが、特筆すべきことであったとすることができるのではないか。

まとめ

以上のように歴史資料を手がかりに、行基集団への女性参加の問題を考えてきた。そこには、女性参加が一定数占めてきたことで、行基の諸活動の支持基盤として重要な位置を有してきたことが確認できる。行基の活動が社会的な影響力を有し、その福祉実践の意義を広く知らしめてきたことを証すものでもあったといえるだろう。しかし、一定数を占めた女性がどのような意識のもとで、活動を理解し、行基を支持してきたかは、十分に明らかになったとはいえない。

この問題について歴史資料をとおしての解明には限界があることも確かである。伝承、説話資料である『日本霊異記』にみる女性参加のケースで検討していくことが、次なる課題となる。この問題について、次節にて考えていくことにしたい。

第二節　『日本霊異記』行基関連説話の女性像

はじめに

『日本国現報善悪霊異記』（以下『霊異記』）は、日本古代の仏教が社会的な浸透をはたしていく上で、貴重な手がかりを与えてきた。そのなかにあって、行基関連の説話は七点にも及び、単独で取り上げられている人物としては群を抜いている。周知のように、そこには、作者・景戒が行基の実践に深い理解を示していたことに理由がある。

『霊異記』の行基関連説話にあって、女性が多く登場していることは、既によく知られていることである。筆者は前節で、歴史資料を中心に、行基集団における女性参加の問題を考察した。そこでは、女性参加が具体的に明らかにできる反面、個々の女性像が明らかではなく、また、行基の弟子僧を列記した『大僧正記』(30)に尼僧の存在がなかった等の問題が明らかとなった。

そこで、『霊異記』という説話文学に属する資料を用いて、女性参加の具体的なあり方を分析し、行基集団の実態的側面ないしは、八世紀の社会像の一端を明らかにできればと考える。もちろん、説話であることは、そのまま歴史的事実とすることはできない。その間を埋めるさまざまな手続きも必要である。

本節では、このような事項を念頭において、『霊異記』の行基関連説話から、行基集団における女性参加の問題を考えていくことにしたい。

一　『霊異記』と行基関連説話

『霊異記』が説話文学の作品であるとともに、作者も成立年代もほぼ明らかにされている点で、歴史資料としても活用できるとする考えが、従前より強く主張されてきた。

青木和夫氏は、説話の史料的価値について、可能なかぎり記録その他の諸史料と照合して、判定していくべきことを提起している(31)。また、横田健一氏も『霊異記』が奇事を集めたといっても、少なからず正史に合致していることもあり、景戒は「案外、正確に、採集、記録している(32)」とし、『霊異記』下巻第十七縁を例に具体的に立証している。また、吉田一彦氏も六国史を重視する立場を批判して、『霊異記』のなかに当時の社会の外面的状況を伝えるものがあるとし、『霊異記』を読み解いて、これを基相とする仏教史、古代史を捉えるべきことを提起している(33)。

これらの一連の『霊異記』への歴史資料としての評価が唱えられるなかにあって、朝枝善照氏は『霊異記』には安易な因果化、宿業論による差別助長の側面があって、その限界点を指摘した上で、史料としての有用性については学問的手続きと方法論が必要であるとした(34)。この指摘は、説話の持つ特色と欠点をふまえた議論として注目すべきであり、とくに差別観を培養してきた歴史的な役割を説いている点で注意を喚起したものとなっている。

このような先学の議論から、『霊異記』を扱う手続きについて、本稿の分析にどう生かされるべきかを考えたい。それでは、説話文学としての『霊異記』の特性とは、どのようなものであろうか。歴史資料としての有用性を考えることは、同時に説話としての特色を生かし、分析の視点のなかに位置づけておく必要もある。

この問題について、黒沢幸三氏は『霊異記』の行基関連説話をテーマとする論のなかで、説話の特性について次の点を明らかにしている。[35]

（1）興味深い現実の出来事を取り上げて構成していく。

（2）第三者の冷静な目撃者の視点から、話の筋を形成する。

（3）現世的な願望を満たし、現実上の問題を取り込むねらいが、説話の写実的表現となっている。

これら三点は、黒沢氏が分析したところを筆者が抽出したもので、黒沢氏がこの三点に特性を求めているわけではない。黒沢氏がその論の展開のなかであげたこれらの特性は、『霊異記』の説話が人びとに受容されるべき素地が、社会的現実を出発点とし、誰しもが経験したり、起こり得ることとして理解できるという、現実性を帯びることで成り立っていることがわかる。その点が、先学によって評価された歴史的事実の反映という側面を有することになったのである。

こうした現実性を内包することで説話の意味が成り立つとすれば、その中核にあった行基は、かかる現実性を生み出すべき存在として位置し、それを可能ならしめたところに、ひとつの変革期を象徴することにもなったといえるであろう。

このような観点を提示することができるとすれば、説話の内容をも含めて、史的分析を進めていくことが可能となるだろう。本稿のテーマ設定にあたって、こうした前提とすべき議論をふまえて、検討を深めていきたい。

『霊異記』[36]において行基と関連する説話は次の七点である。

（一）上巻第五縁「三宝を信敬しまつりて現報を得る縁」

(二)中巻第二縁「烏の邪淫を見て世を厭ひ、善を修せし縁」
(三)中巻第七縁「智者の変化の聖人を誹り妬みて、現に閻羅の闕に至り、地獄の苦を受けし縁」
(四)中巻第八縁「蟹と蝦との命を贖ひ放生し、現報を得し縁」
(五)中巻第十二縁「蟹と蝦との命を贖ひて放生し、現報に蟹に助けられし縁」
(六)中巻第二十九縁「行基大徳の天眼を放ち、女人の頭に猪の油を塗れるを視て、呵嘖せし縁」
(七)中巻第三十縁「行基大徳、子を携ふる女人の過去の怨を視て、淵に投げしめ、異しき表を示しし縁」

以上の七点であるが、本稿の問題関心はここから、行基集団における女性参加を取りあげ、あわせて七点に及ぶ行基関連説話について考えていきたい。

七点の行基関連説話のうち、女性が登場する説話は(一)・(三)を除く五点であるが、ここでは、この七点の説話について分析していくことのなかから、本稿の課題について考えていくことにする。

(一)は、大部屋栖野古に関わる説話で、この説話に対する作者、景戒の評を掲載するにさいして行基を例証としてとりあげている。その点で、行基が主たる登場人物ではないし、重要な役割を担った他の説話とも大きく異なっている。なお、景戒の評は次のとおりである。

勝宝応真聖武大上天皇の日本国に生れたまひ、寺を作り、仏を作りたまふなりけり。爾の時並に行基大徳は文殊師利菩薩の反化なり。是れ奇異しき事なり。(37)

とあって、聖武天皇への賛辞とともに行基を文殊菩薩の「反化」と讃えている。ここでの文殊菩薩の「反化」とするのは、『霊異記』がその早い例とされるもので、後に『日本往生極楽記』『法華験記』をはじめ、『三宝絵詞』『今昔物語』へと受け継がれていく。そこには、「時の人号して行基菩薩と曰ふ(38)」と行基卒伝に記された菩薩の称号に由来するのではないかとの堀池春峰氏の指摘[39]がある。

文殊信仰が、天長五年(八二八)二月の太政官符「応に文殊会を修すべき事[40]」にみるように、貧窮の人びとへの施給を旨として「文殊師利般涅槃経」の趣旨に沿った救済の意味を理解していくことにあった。そこに、行基への讃仰が、文殊菩薩の「反化」とする認識が生じてくることになったのではないかと思われる。しかし、その認識は作者、景戒のものであって、少なくとも行基在世時には、文殊菩薩の「反化」という考えはみられない。そこに、行基の福祉実践の評価と文殊菩薩の「反化」という説話との隔たりがあるといえよう。

(三)においては、女性参加の問題とは直接関わりないが、『霊異記』の行基観を考える上では重要である。ここでは「天年聡明にして、智恵第一なりき」の智光と、「内には菩薩儀を密め、外には声聞の形を現す」行基とを対比させて、「吾は是れ智人なり、行基是れ沙弥なり」とする智光の妬みと、閻羅王宮における行基の評価を語ることで、智光の認識を変化させていくという内容である。

こうした智光と行基の対比を「優婆塞的実践形態と大僧的学智形態」と解する堀一郎氏の見解[41]以来、『霊異記』の示す私度僧の立場を明らかにする考えがあった。しかし、ここで着目すべきもうひとつの点は「此より已来、智光法師、行基菩薩を信じまつりて、明かに聖人なることを知る」とあるように、智光さえも行基を敬ったという、行基の支持層の幅広さを訴える要素ではなかったか。この中巻第七縁のみに「行基菩薩」の名称が使われ、他は「行基大徳」と表記されているとの指摘[42]があるように、「菩薩」だからこそ高僧をも巻きこんだのだと考えられていたのではないだろうか。そこに、行基がこれらとは全く異なった僧としての理解があり、それを根拠づけたのが、行基の新しい活動形態でもあったことを示している。

こうした点で、(三)は作者の景戒の行基観を一歩深める意義があったと考える。

(一)・(三)をとおして明らかとなった行基観をふまえて、行基の活動への女性参加の意味を考えたい。

二　行基集団に関わる女性たち

次に、五点の行基関連説話について検討していく。これらは、先述したように、女性参加を意味づける問題点を有している。(二)中巻第二縁は、和泉国泉郡大領の血沼県主倭麻呂が主たる登場人物となっているが、その妻もまた出家していることから、女性参加の問題を内包するものと考えられる。(四)中巻第八縁と(五)中巻第十二縁は、標題が示すようにほぼ同様の蟹の報恩型説話である。(四)が「奈良京富尼寺上座尼法邇之女」を主とし、(五)が「山背国紀郡部内」の一女人を主たる登場人物とする相違がある。(六)中巻第二十九縁と(七)中巻第三十縁は、ともに行基の布教活動において現れた行基の特異な才能を強調する内容で、そのきっかけとなったのが、ともに法会に参加した女性であった。

これら行基の活動への女性参加を意味づける説話をとおして、その問題の意義を問うために、各説話にそれぞれ有する史料上の問題点と関わらせて分析し、考察を進めていくことにしたい。

(二)は、烏の邪淫を見て世を厭うた和泉国泉郡大領の血沼県主倭麻呂が、妻子と離れ、官位を捨て行基に従い、またその妻も病気になった子どもの死を看取ることで出家し、倭麻呂は行基よりも先に亡くなったという説話である。

この血沼県主倭麻呂は、『和泉監正税帳』に「少領外従七位下珍県主倭麻呂」(43)と記載された郡の役人であり、実在する人物と考えられている。この人物が行基集団に参加したことで、第一に、行基集団の支持基盤に郡の有力豪族があげられること、第二に、自ら官位を捨て参加したことで、行基集団の構成に、自己の否定的転換を経た人物がいた(44)ことが明らかとなろう。

しかし、倭麻呂の妻については、その名を記さず、出家の動機となったのは、その子が病気となり命終に臨んだときの次のような情景によっている。

「母の乳を飲まば、我が命を延ぶべし」といふ。母、子の言に随ひ、乳を病める子に飲ましむ。子飲みて歎きて言はく、「噫乎、母の甜キ乳を捨てて、我死なむか」といひて、即ち命終しぬ。然して大領の妻、死にし子に恋ひ、同じく共に家を出て、善法を修め習ひき。

とあるように、母と子の情愛を語りかける内容となっている。守屋俊彦氏は『霊異記』の母子像の類例をあげられて、中巻第二縁の説話が、愛する子を失った母の深い悲しみがあり、切実感があふれていると指摘し、乳を与えることを媒介とするゆえに、古代的であるとされている。そこに、守屋氏は『霊異記』の記述するこの女性像に、一定の現実性をみている。そして、倭麻呂の出家はむしろ観念的で仏教の理念からそのままできた話だとする。[45]

こうした指摘は、すでに松浦貞俊氏によってもなされている。松浦氏は「倭麻呂の無常の感じ方が、あまりに素樸で、其妻の出家の動機の自然さと比べて読むと、一連の物語ではない様にさへ見える[46]」とし、女性の側の出家に一定の意味があるとなされている。

倭麻呂とその妻がともに出家する説話にあって、両者の出家の動機の違いに、男性的・女性的のそれぞれの意味が付与され、そして「同じく共に家を出て、善法を修め習ひき」とあるように、動機の相違があるものの、ともに同じ道を歩んでいくことで、男女の出家の対等性が明示されている。ここには、行基集団に参加する人びとが、それぞれの事情を背景に、それぞれの意志のなかで出家が貫かれていることを考えさせるものがある。倭麻呂の実在性と、その妻の出家動機の現実性など、個々の人びとを基礎づける心情が明らかとなっていることで、出家における男女の対等性は、一定の意味を持っているといえるのではないだろうか。

次に、(四)・(五)について分析する。この二つの説話は、ともに蟹報恩型に分類することのできるものである。蟹報恩譚としてのこれらの説話は、これまでにその系譜をめぐる研究などがさかんになされてきたが、ここでは、行基集団との関わりを重点において考えていくことにする。

(四)の概要は、奈良京の富尼寺の上座の女、置染臣鯛女は、大蛇が蝦を飲むのを見て、蝦の命を助けんがために、大蛇にその妻となることを誓い、七日後に鯛女の家に来ることを告げ、蝦の命を救った。女は、このことを生馬の山寺にいる行基に相談、行基は堅く戒を受けよと教える。帰路、老人と出会い、持っていた蟹を得ようと、衣・裳を脱いで代金とした。さらに行基に勧請して、呪願を唱えた。八日目の夜、大蛇が来たが、大きな蟹がその大蛇をズタズタに切った。

(五)も、ほぼ同様の内容であるが、中心となる女性は、山背国紀伊郡部内の一女人で、行基は紀伊郡深長寺にあって、彼女の願いを聞き、よく三宝を信ぜよと教えている。

このように、いずれも、女性が行基に相談をするという設定になっており、当該の女性は篤信の徒でもあって、蟹の報恩譚を行基に重ね合わせて、説話が成立していったとみることができる。しかし、(四)においては、当該女性について、具体的な地名・寺院名・姓名が明示されていて、行基集団の構成員の一端を示している側面を見逃すことはできない。こうした具体性のある点を手がかりに、女性参加の問題を考えることができるのではないだろうか。

(四)の当該女性について『霊異記』には、次のように記している。

置染臣鯛女は、奈良の京の富の尼寺の上座の尼法爾之女なりき。道心純熟にして、初婬犯さず。常に懃に菜を採りて、一日も闕かず、行基大徳に供侍へ奉る。

とあり、この置染とは、史料上に置始氏として散見する。その由来となる県犬養氏系の大椋置始氏[47]を手がかりとすれば、朝廷の大蔵を司る染色関係の伴造系の氏族とする見解がある[48]。また、七〜八世紀に史料上散見する置始氏をみると、遣唐使、壬申の乱での活動から、万葉歌人、歌唱、武道など多方面にわたる活動がみられ、位階は従五位上を最高としている。これらの点から、置始氏は中・下級貴族の領域を出るものではないと思われる。

いずれにせよ、置始氏が伴造系氏族として出発し、貴族社会に進出しつつ、活動を広げていったなかで、行基と関わりを持つ人物があらわれ、「富の尼寺」の上座となるものが現れたということになる。行基の活動が平城京を中心にし、課役に苦しむ人びとを結集させた活動を展開するなかにおいて、こうした系統につながる人物が関わったと考えることが、適切か否か議論の別れるところといえよう。しかし、「富の尼寺」の所在地を考えるなかから、かかる議論に解決の道がみられるであろう。

「富の尼寺」に該当する行基関連の院は、『行基年譜』天平三年（七三一）条に記す「大和国添下郡登美村」に所在する隆福尼院と考えることができる。同地にはすでに養老二年（七一八）条に「隆福院登美」があり、地名との関連から天平三年に至って僧、尼院の確立がなされたものとみられる[49]。

そこには、養老年間（七一七〜二四）の平城京を中心とする行基の活動と、天平初年の畿内各地における活動との相違が反映されているとみることができる。前者が、先述のように、課役から免れんとする人びとを包含したものであったが、後者は院の建立と福祉実践の諸施設を組み合わせたもので、しかも、天平三年八月には行基集団の一部に得度が認められるという事態もおこっている。こうした状況下にあって、天平三年に隆福院に尼院が建立され、より幅広い活動を生み出していったと考えられる。とすれば、こうした状況下に、「置染臣」という中・下級貴族に連なる一族が行基集団のもとに加わることも容易に考えられるところとなるであろう。

ところが、隆福院については、行基没後に衰退が進み、律令政府の援助を受けるに至っている。このことは、次のように記されている。

勅したまはく、「故大僧正行基法師は、戒行具足して、智徳兼ね備れり。先代に推し迎がれて、後生、耳目とす。その修行の院、惣て卌余処。或は先朝の日、施入の田有り、或は本より田園有りて、供養済すことを得たり。但し、その六院は、未だ施の例に預らず。茲に由りて、法蔵堙廃して、復住持する徒無く、精舎荒涼して、空しく坐禅の跡を余す。道を弘むること人に由れり。実に奨め励すべし。大和国の菩提、登美、生馬、河内国の石凝、和泉国の高渚の五院に、各当郡の田三町を捨すべし。河内国の山崎院には二町。冀はくは、真筌の秘典、永く東流に洽く、金輪の宝位、恒に北極に斎しくして、風雨時に順ひ、年穀豊かに稔らむことを」とのたまふ。(50)

とあって、行基没後二十四年を経過した宝亀四年(七七三)段階において、六院が衰退の危機にあった。ここでこれらの院を援助せんとする律令政府の側には、年穀の豊稔を祈願する意図が窺われるが、「戒行具足、智徳兼備」と行基を評価することで、仏教の本来性を求める道鏡政権以後の光仁朝の課題が反映されているともいえよう。ここに明記される大和国の「登美」を隆福院とすることができる。

ここに隆福尼院の記述がないため、尼院がどのような状態にあったか判断が難しい。この院が「上座」という寺務を統括する職務者を置いていたことで、組織的運営が図られていたことを示唆していると前節で指摘したが、隆福院が衰退化をたどったとすれば尼院もまた同様であったと考えられる。

宝亀四年十一月詔が示すところは「戒行具足、智徳兼備」を理想とし、そこに仏教の本来性を求め、行基を重ねていることにある。この行基像の成立によって、行基への讃仰が広がることにもなったと考えることができる。

この点について、『霊異記』第八縁と第十二縁との比較研究においても、第八縁に行基説話としての整備がみられるとの指摘があり(51)、また、寺川真知夫氏はこの中巻第八縁の放生と報恩のテーマよりも持戒のテーマに重点が移るところに、行基集団に属する人びとが聴衆の反応を確かめながら教説を巧みに配し、磨き上げた成果を看取している。(52)したがって、ここにみる行基説話の意義は、持戒を説くことをとおして、女性の仏教信奉を重ね合わせていくことにあったというべきであろう。行基と富の尼寺の上座の女の人物設定に持戒の教説が織り込まれることが重要であった。それらをとおして、理想的な僧尼像を行基に照射させていくべき意味があったといえよう。

宝亀四年十一月詔と中巻第八縁が持戒をキーワードとすることで、八世紀末の行基像を形成する要因となりえたというべきではないか。とすれば、ここに登場する女性は、実在性が高いがゆえに、より真実味を帯びた効果を上げているというべきであろう。

こうした点において(四)・(五)にみる女性参加については、説話上の効果という側面から考えていくべき意味を持っているといえよう。

三　行基の法会に参加する女性たち

次に(十六)・(十七)について検討する。これらは、いずれも行基の法会に参加する女性たちが登場している点で、他の説話と異なっているため、項を改めて分析したい。

(十六)は、次のような設定になっている。

故き京の元興寺村に、法会を厳り備けて、行基大徳を請け奉り、七日法を説きき。是に道俗、皆集ひて法を聞く。

とあって、元興寺の村下の法会に招かれた行基により説法する設定となっている。その説話の具体的な展開は、法会に参加した一人の女性が、髪に猪の油を塗っていたことを行基が見抜き叱ったというもので、次のように、作者景戒は評価しようとしている。

凡夫の肉眼には是れ油の色なりといへども、聖人の明眼には、見に宍の血と視たまふ。

と述べ、凡夫と聖人の対比を通じて、化身の聖、隠身の聖と讃えている。

このような(六)中巻第二十九縁の内容であるが、ここでは第一に、元興寺の村における法会の持つ意味が、どのようなものであったのか、第二に、ここに登場する女性の役割は何であったのか。前者は、史実との関わりを考えるうえで重要な要素を持つし、後者は、説話としての意義にもふれるものであり、景戒の行基評価にもつながるものである。

元興寺の村での法会は、「行基大徳を奉請す」とあって、あくまでも行基は招かれた存在であり、招いた主体の明記はない。『三宝絵詞』には「古京元興寺の村人、法会を設け、行基を奉請す」[53]とあって、その主体が村人であるとしている。『三宝絵詞』は周知のように、『霊異記』から『今昔物語』へと続く説話文学の流れのなかで、その中間に位置する貴重な意味づけがなされる作品である。その点で、『霊異記』の記述を補って追加したことが考えられているが[54]、そうした村人による法会という可能性を想定できるとすれば、この法会の意味をさらに考えていく必要がある。

『行基年譜』では、元興寺村とされる大和国高市郡の周辺での院の建立も福祉実践の諸施設もみられない。この点で、行基の当地への登場に、どれほどの必然性があるのかという疑問も呈示されよう。しかし、行基を「奉請」したこと、さらには、七日間の説法という限定されたものであったことなどは、『行基年譜』が記載する活動内容と相違するために、こうした法会などの記録を採ることがなかったと考えられ、それゆえに、行基の活動において、こうした法会と関わることは、『霊異記』が独自に有した記録であった可能性はある。

とすれば、この法会が元興寺の村の人びとにより、行基を「奉請」して開かれたことを意味し、行基の布教活動が広範囲に展開していたことを意味づけることになる。さらに、ここに集まった人びとも「道俗」と記し、『三宝絵詞』に「男女僧尼」とあって、行基に注目する人びとが、僧尼にも及んでいたことが明らかである。行基の活動の支持基盤が、相当に広い範囲に及び、既存の寺院のもとにある僧尼も注目するものであったことで、その社会的影響力の大きさを考える必要がある。

そうした広範囲の活動を示しながら、具体的な説話の内容に、女性を登場させているのは、どのように考えるべきであろうか。

先述のように、女性を登場させることの説話的な効果も考慮すべきであるが、この場合、女性と猪の油との関連も重視すべきであろう。この点について、古代における女性蔑視の問題をとりあげられている牛山佳幸氏は、この説話が、猪の油を使用することへの批判であって、その女性自身を蔑視するものではないと提起している(55)。

そのことの意味について、奥野中彦氏は、女性にまつわる奇異な事件をとおして仏教信仰の大切さを説くことにあったとも述べている(56)。

牛山氏・奥野氏の提起するところは、(六)の説話が、女性を登場させることで、たんに説話上の効果を上げることに留まらず、女性登場によって、高められる仏教的な意義があったとするところにあろう。これらの論から、この説話は、女性が蔑視の対象ではないこと、また猪の油を用いたことを見抜き、その背景にある行基の慧眼を引き出すことになったが、それら以上に、女性も等しく法会に参加することができ、法を聞くことができた社会的基盤の存在を、意味づけているところに重要な特色があった。

(七)の説話は、次のように設定されている。

行基大徳は、難波の江を掘り開かしめて船津を造り、法を説き人を化しき。道俗貴賤、集ひ会ひて法を聞きき。

とあって、船津を難波の江にてつくる実践途上において、法会を行っているというものである。福祉実践をとおして院を建立していく天平年間の行基の活動を想起させる設定でもある。

説話の内容は、この法会を聞きに来た「河内国若江郡川派里」の女性についてである。この女性が連れている子は、十歳余りとなるのに歩くことができず、この法会で泣きわめくばかりであった。そこで行基は、その女性に子どもを川の淵に捨てよと命じた。この女性は、一度は行基の命に従わなかったが、次の日も同様であったため、行基の「其の子を淵に投げよ」の命に従った。その子は、水の上に浮き出て「慨きかな。今三年徴り食はむに」と言ったという。行基は、この女性に、前世で借りたものを返さなかったので、その貸し主が子となったと説いた。

この説話については、これまで多くの研究があり、論点も分かれている。そこでまず、これらの論点を整理して、女性参加の問題に接近していくことにしたい。

第一の論点は、この説話にみる民間伝承と行基との関わりをどうみるかである。第二は、この説話は中国説話の影響を受けたもので、作者景戒は、これを下敷きにこの説話を構成したのではないかとするものである。第三は、この説話にみる「子捨て」の問題である。とくに、この場合、障がいを有する子が登場していることで、差別観の助長を内包する働きがあり、この説話の成立をめぐる背景を的確に明らかにしていく必要がある。

これらの論点について、その議論を問い直しながら、問題点を掘り下げていきたい。

第一の論点については、水神祭祀にまつわる既存の説話を受けて、そこに、在来の神と仏教との対立があって、仏教の優位を語るものであるとする守屋俊彦氏の論がある。(57) また、米山孝子氏は、捨て子の風習にも着目されて、土地の伝承と行基説話の融合・変容と考えるべきことを提起している。(58)

一方、黒沢幸三氏はこの説話の構成に着目して、多くの事実をふまえながらも、虚構されていることのなかに、貸借の問題を含めて、現実上の問題を取り込むねらいがあったとしている(59)。

これらの論は、中巻第三十縁の持つ虚構性に注意を払いながら、そこに見出される事実をもとに、説話がもたらす意味を考えようとするものであった。

これに対し、第二の論点は、矢作武氏によって提起されたもので、矢作氏は『霊異記』序文にみる唐代の『冥報記』『般若験記』がその作成のもととなっていたことを明らかにした。また中巻第三十縁については、『冥報記』に先行する『宣験記』に同様の例がみられるとしている(60)。さらに、丸山顕徳氏は、中巻第三十縁の説話が、負債を持つ女性が主人公であることに着目し、その例が古代日本の中に見つけがたいものだとして、中国の民俗・説話にみる「討債鬼」にあたるのではないかと主張した(61)。

『霊異記』の説話群が、作者景戒の手をとおして筆録化されていくなかにおいて、それに先行する諸文献の影響を考慮しないわけにはいかない。その点で、聴衆を前により効果的な説話であるために、虚構性をどれほど多くとり入れるかが、もうひとつの課題となろう。矢作氏・丸山氏の論は、こうした虚構性を的確に捉えていたということができる。

第三の論点は、井上正一氏が、そこに「不具の子」を捨てる民俗の存在を捉え(62)、仏教と在来民俗との融合と理解できると提起したことを起点とする。さらに、汲田克夫氏(63)は、河音能平氏(64)がこの説話の内実としてあげた私出挙における負債の問題を手がかりとして、返済に苦しむ貧農に対しての一種の脅迫ではなかったかとの論を主張した。また、河野勝行氏(65)も、女性が「無言の抵抗を続けるだけであ」ったことから、「古代における障害児(者)差別の特徴は、根こそぎの権利侵害」であったと述べている。

行基説話に障がい者差別を内包する要素がみられることは、重く受けとめるべきであり、行基の活動との関わりのなかから解明すべき点があるといえよう。その点で、これらの論は古代社会における障がい者の問題を鋭く提起したといえよう。

以上の三つの論点をふまえて、本稿の課題である女性参加との関わりのなかから、問題設定をしていくとすれば、次のような方向が得られよう。

第一には、この説話から史実となるべき部分をどう引き出してくるかである。その上で、女性の登場の意味を考えていくことができるだろう。第二には、この説話の持つ虚構性のなかから、八～九世紀の社会状況をどう抽出しうるかである。唐代の説話集をもとに、日本の地名等を当て込んだとしても、説話として流布し、『三宝絵詞』などにも引きつがれた『霊異記』の性格を考えると、八～九世紀初頭の社会のなかで受容されたことの意味は大きいといえよう。

第一の問題については、行基の難波の江での活動が最初に問われよう。『行基年譜』天平十三年記において難波の江に該当する地名は「摂津国西城郡津守里(村)」にあたり、当地では、比売嶋堀川・白鷺堀川・度布施屋等の施設をつくっている。また、善源院・同尼院・難波度院・枚松院・作蓋院等の院も建立している。しかし、同地での船津(船息)に関する事項はない。

また、もうひとつの地名である河内国若江郡川派里も実在している。当地は、難波の江から数キロメートルの距離にある現在の東大阪市川俣とされる[66]。この地での行基の活動は記録されていないが活動圏内にあるといえよう。

この二つの事項から、行基の活動の根拠地のひとつとして難波の江と、その活動圏内から女性がやって来たことの可能性は十分に認められる。とすれば、(七)に記す法会に参集した「道俗貴賤」の意味も確かとなろう。ここに記す「道俗貴賤」とは、先述の(六)にて記した「道俗」とも関わって、多数の人びとが法会に参集したことを意味している。しかも、ここでは、既存の僧尼のみならず「貴賤」とすることで、あらゆる階層の人びとをさらに付加している。この点からも、法会の盛大さを表現している。それは、行基卒伝の「道俗化を慕ひ、追従する者、動もすれば千を以て数ふ(67)」とあることを如実に裏づけている。

したがって、難波の江での行基による法会とそれに参集した人びとの多さ、さらに、法会にやってきた女性に関わる地名等に、史実としての可能性を求めることができる。

とすれば、ここにおける女性の登場は、そうした大多数の人びとの参加のなかに位置づけることができるが、特別に女性を対象とした意味づけは見出しがたい。ここで、とくに女性を対象としたことを問うとすれば、先述のように説話上において分析されるべきであろう。

第二の問題点は、したがって、(七)の持つ説話上の意味を解くことから考えたい。勝浦令子氏は『霊異記』の行基関連説話に登場する女性について分析されるなかで「現世における様々な俗的人間関係や重荷の因果を解き、それからの脱却や解放のために出家や受戒をすすめた(68)」と述べている。そこには、女性が持つさまざまな苦しみを解き放つべき意図が込められており、いわば、個々の悩みに応じていくべき意味がある。その点で、個人的救済への道を求めていく姿が反映されているといえよう(69)。

ここに、八～九世紀の社会状況と関わる女性像が描かれ、前世の負債や「子を捨てる」という行為によって、説話上の説得力を高めようとする意図も見出され、そこから、女性を登場させた『霊異記』の作者のねらいが反映されているとみることができよう。また、それゆえに、障がいを有する子を捨てるという、差別観を助長することにもつながったと考えられる。

まとめ

以上のように、『霊異記』の行基関連説話を史実と関わらせながら、女性参加の問題を核に検討した。行基の活動を背景に、作者景戒がその行基観に基づきながら説話として完成させていったことが、明らかにできる。それは、行基をとおして説きおこす景戒の仏教理解でもある。しかし、そのなかにあって、女性を登場させたことは、説話上の効果とともに、女性参加が行基集団にとって特別なことではなく、女性を含めた集団であったことの証でもあった。女性が女性として集団に加わり、また法会に登場していくことには、個としての意味を反映させ、救済を求める姿があったといえる。

しかし、本節冒頭でも述べたように、行基の弟子僧を記した『大僧正記』に尼僧の存在が確認できない。多くの女性が参加し、対等な位置を保ちえていたと思われるにもかかわらず、一方でこうした史料を残していることは、説話にみる女性像が示すように、布教対象としての女性の登場を意味づける段階に留まっていたことに理由があると思われる。そうした限界点が史料の上に表れる中で、『霊異記』行基関連説話に登場する女性像が多彩な姿を示したことで、弟子僧という枠組みにとらわれない、もうひとつの集団構成者の像を示唆している。こうした点に行基の福祉実践を解釈した作者景戒のねらいがあったのではないだろうか。

註

（1）田村圓澄「行基についての二、三の問題」、『続律令国家と貴族社会』所収、吉川弘文館、一九七八年、後に『日本仏教史』2に所収、法藏館、一九八三年、一三三六～一三三八頁。

（2）勝浦令子「行基の活動における民衆参加の特質—都市住民と女性の参加をめぐって—」、『史学雑誌』第九一巻第三

号、一九八二年、後に『日本古代の僧尼と社会』に所収、吉川弘文館、二〇〇〇年。同「女性・官人と行基集団」、井上薫編『行基事典』所収、国書刊行会、一九九七年。

（3）『続日本紀』養老六年七月己卯条。なお、『続日本紀』からの引用は、青木和夫・稲岡耕二・笹山晴生・白藤禮幸校注『続日本紀』二、新日本古典文学大系一三、岩波書店、一九九〇年を参照。

（4）『類聚三代格』巻三、「僧尼禁忌事」。

（5）『続日本紀』天平三年八月癸未条。

（6）二葉憲香『古代仏教思想史研究』永田文昌堂、一九六二年、四九二頁。

（7）勝浦令子、前掲註（2）書、三一五〜三一六頁。

（8）牛山佳幸『古代中世寺院組織の研究』吉川弘文館、一九九〇年、四六頁。

（9）井上光貞「行基年譜、特に天平十三年記の研究」、『日本古代思想史の研究』所収、岩波書店、一九八二年。

（10）吉田靖雄『行基と律令国家』吉川弘文館、一九八七年、二三八頁。

（11）田村圓澄、前掲註（1）論文。

（12）勝浦令子、前掲註（2）書、三一六頁。

（13）須田清子『律令制女性史研究』千代田書房、一九七八年、四二八頁。

（14）吉田靖雄、前掲註（10）書、二二四頁。

（15）高橋健自「古瓦に現われたる文字」『考古学雑誌』第五巻第一二号、一九一五年。森浩一「大野寺の土塔と人名瓦について」『文化史学』第一三号、一九五七年。

（16）堺市立埋蔵文化財センター編『史跡土塔―文字瓦聚成―』堺市教育委員会、二〇〇四年。堺市教育委員会生涯学習部文化財課編『史跡土塔―遺構編―』堺市教育委員会、二〇〇七年。同書には「文字瓦一覧表補遺　二」が掲載され、一

一六点の文字瓦が追加されている。そこには尼僧・女性名も少なからず確認できるが、岩宮氏が上げたデータを大きく変更するまでに至っていないようである。堺市市長公室文化部文化財課編『史跡土塔整備事業報告』堺市発行、二〇〇九年。同書によると、国史跡土塔の復元整備事業は、一九九八年から開始され、翌年に文化庁の文化財保存事業費補助金を受け、二〇〇九年三月の同書刊行により終了した。

(17) 堺市立埋蔵文化財センター編、前掲註(16)書、五頁。

(18) 同右、一〇六頁。

(19) 近藤康司『行基と知識集団の考古学』清文堂、二〇一四年、一四三～一四四頁。

(20) 土塔の構造および規模等については、近藤康司「土塔の構造復元」(堺市教育委員会生涯学習部文化財課編、前掲書所収)、および同氏前掲(19)書第五章「大野寺跡・土塔の考古学的検討」参照。

(21) これらの議論のなかで、溝口優樹氏は、記名者の大半が各地の首長層であり、地域共同体ごとにヨコの結びつきで結合した広域的な集団であったとする見解を提示されている(「大野寺土塔の知識と古代地域社会」、『ヒストリア』第二三六号、二〇一三年、および「大野寺土塔の文字瓦にみる知識」、『國學院大学大学院文学研究科紀要』第四三号、二〇一二年)。そこには、土塔の知識集団が地縁、血縁をないまぜにした「小知識集団」を行基という宗教的存在が統合したとする栄原永遠夫氏の説(「大野寺の土塔の知識」、『和泉市史紀要』第一一号、二〇〇六年)や、瓦に自らの名前を書く行為に意味があったから、姓を省略して記したものであったという溝口氏自身の論を根拠とされている。この論は、土塔の文字瓦を広域的な横のつながりを重視することで、知識集団への新たな見方を提起したといえる。そこに従来の見解にあった支配・被支配の構造から導くこととは異なり、在地集団の広がりを意味づけたといえる。とすれば、女性もその集団に容易に入り込める素地があったとすることができ、女性参加による集団のより深い広がりを考えることができ、尼院へとつながる意義も見出せよう。しかし、その論拠のひとつである姓を省略したことと大半が首長層であったとする論は圧倒的多数を占める人名瓦の断片の所在からみて、慎重に検討する必要があるのではないだろうか。

(22) 清水みき「行基集団と山崎院の造作―人名文字瓦の検討より―」、続日本紀研究会編『続日本紀の時代』所収、塙書房、一九九四年。林亨「山城国山崎院と人名瓦」、摂河泉古代寺院研究会編『行基の考古学』所収、塙書房、二〇〇二年。なお、林氏は行基建立に山崎院に先行する寺が当地にあった可能性を指摘されていたが、山城国府第五四次調査地点から白鳳期の軒瓦等が出土していると報告している(清水みき「知識と文字瓦」、平川南他編『文字と古代日本』4所収、吉川弘文館、二〇〇五年)。

(23)『寧楽遺文』中巻、六一三頁。堺市博物館編・発行『没後一二五〇記念特別展　行基生涯・事跡と菩薩信仰』一九九八年、一五頁に、天理大学付属天理図書館蔵「瑜伽師地論」の抜語が掲載されている。

(24) 溝口優樹、前掲註(21)論文「大野寺土塔の知識と古代地域社会」では、日下部首と日下部との血縁関係として現われる人格的な結びつきからの強制力を見出されるとしつつも、大鳥郡の大鳥連らとの地縁を媒介とする関係などがあると指摘されている。また、角田洋子氏は前代からの人格支配を前提とした結集もあったとされながら、造都や調庸の運搬などの権力的な統合原理とは異なる、「国家も及ばぬ結集」を考えられている(『行基論―大乗仏教自覚史の試み―』専修大学出版局、二〇一六年、一五四〜一五七頁)。

(25) 溝口優樹、前掲註(21)論文「大野寺土塔の知識と古代地域社会」では、『日本霊異記』下巻第十八縁の法華経書写の例をあげ、対価を得て書写に従事した例をあげている。

(26)『大僧正記』については、同書の諸本を校合された吉田靖雄、前掲註(10)書「補論　行基の弟子について」を参照した。

(27) 勝浦令子、前掲註(2)書、I「日本古代の僧と尼」第一章「八世紀における僧と尼―僧尼の公的把握の構造的差異―」参照。

(28) 吉田靖雄、前掲註(10)書「補論　行基の弟子について」。
(29) 朝枝善照『平安初期仏教史研究』永田文昌堂、一九八〇年、第五章「行基仏教の展開」参照。
(30) 『大僧正記』に関しては、第一節で検討、註(26)書参照。
(31) 青木和夫『日本古代の政治と人物』吉川弘文館、一九七七年、九〇頁。
(32) 横田健一『観音信仰と民俗』木耳社、一九九〇年、六五頁。
(33) 吉田一彦「史料としての『日本霊異記』」、新日本古典文学大系『月報』七三、岩波書店、一九九六年。
(34) 朝枝善照『日本霊異記研究』永田文昌堂、一九九〇年、二八〜二九頁。
(35) 黒沢幸三「日本霊異記小論―行基説話の意味するもの―」、土橋寛先生古稀記念論文集『日本古代論集』所収、笠間書院、一九八〇年。
(36) 『霊異記』については、中田祝夫校注訳『日本霊異記』小学館、一九九五年、をもとに、その書き下し文を主に引用していく。
(37) 『霊異記』上巻第五縁。
(38) 『続日本紀』天平勝宝元年二月丁酉条。
(39) 堀池春峰「南都仏教と文殊信仰」、『大和文化研究』第一四巻第二号、一九六九年、のち『南都仏教史の研究』下巻所収、法藏館、一九八二年。
(40) 『類聚三代格』巻二、「経論并法会請僧事」。
(41) 堀一郎『我が国民間信仰史の研究』(一)、創元新社、一九五五年、二三七頁。また、岩城隆利「元興寺僧智光の説話について」(『大和文化研究』第一一巻七号、一九六六年)では、智光と行基の対比に法相寺と三論宗との競合関係が暗示されていると述べている。

(42)小林真由美「『日本霊異記』中巻第七縁考」、『成城国文学』第八号、一九九二年。
(43)『寧楽遺文』上巻、二一〇頁。
(44)拙著『日本古代仏教運動史研究』永田文昌堂、一九八五年、二二九頁。
(45)守屋俊彦「母の甜き乳―霊異記の女性―」、『日本霊異記の研究』所収、三弥井書店、一九七四年。
(46)松浦貞俊『日本国現報善悪霊異記註釈』大東文化東洋研究所、一九七四年、一五四頁。
(47)『新撰姓氏録』左京神別中。なお、同書右京神別上に長谷置始連が記載されている。
(48)太田亮『姓氏家系大辞典』第一巻、角川書店、一九五七年、八八七頁。直木孝次郎『日本古代国家の構造』青木書店、一九五八年、一六五～一六六頁。
(49)なお隆福尼院については、『行基年譜』天平十二年条に泉橋院と同じ地に設けられたことから、何らかの誤りと解されている(吉田靖雄、前掲註(10)書、二三八頁)。
(50)『続日本紀』宝亀四年十一月辛卯条。
(51)飯沼千鶴「蟹満寺縁起〈中12〉」、『古代の文学4　日本霊異記』所収、早稲田大学出版部、一九七七年。
(52)寺川真知夫『日本国現報善悪霊異記の研究』和泉書院、一九九六年、三二八～三二九頁。
(53)『三宝絵詞』中巻「行基菩薩」。
(54)松浦貞俊、前掲註(46)書、二六五頁。
(55)牛山佳幸『古代中世寺院組織の研究』吉川弘文館、一九九〇年、四六頁。
(56)奥野中彦『日本古代中世文化史への接近』三一書房、一九九六年、四五頁。
(57)守屋俊彦「日本霊異記中巻第三十縁考」、『日本霊異記論―神話と説話の間―』所収、和泉書院、一九八五年。
(58)米山孝子『行基説話の生成と展開』勉誠社、一九九六年、第二章「『日本霊異記』の行基説話」参照。

(59) 黒沢幸三、前掲註(35)論文。
(60) 矢作武「『霊異記』と中国文学」、『古代の文学4　日本霊異記』所収(註(51)前掲)。
(61) 丸山顕徳『日本霊異記説話の研究』桜楓社、一九九二年、第六章「討債鬼説話と食人鬼説話」参照。
(62) 井上正一「不具の子を捨てる民俗」、『日本歴史』第二八二号、一九七一年。
(63) 汲田克夫「『日本霊異記』の障害者観」、『教育学論集』第二号、大阪教育大学教育学教室、一九七三年。
(64) 河音能平「『国風文化』の歴史的位置」、『講座日本史』第二巻所収、東京大学出版会、一九七〇年、のちに同『中世封建制成立史論』に所収、東京大学出版会、一九七一年。
(65) 河野勝行『日本の障害者』ミネルヴァ書房、一九七四年、三二一〜三二三頁。
(66) 井上薫『行基』吉川弘文館、一九五九年、九七頁。中田祝夫校注訳『日本霊異記』二〇七頁頭注(註(36)前掲書)等参照。
(67) 『続日本紀』天平勝宝元年二月丁酉条。
(68) 勝浦令子「女性・官人と行基集団」、井上薫編『行基事典』所収(註(2)前掲書)。
(69) 北條勝貴氏は『霊異記』の行基像に親近性と峻厳なるイメージとの二面性を捉えられている(「『日本霊異記』と行幸―〈描かれた行基〉の意味と機能―」、『日本古代・中世研究と資料』第一五号、一九九七年)。また、根本誠二氏は、行基のカリスマ性、宗教的役割に注目されている(「奈良仏教と『霊異記』」、『仏教史学研究』第四〇巻第二号、一九九七年)。

第四章　光明皇后の福祉事業

はじめに

光明皇后による施薬院・悲田院は、病苦の広がりや貧困の波及など律令制下の社会に広がる困難な課題に対処していくところに特色があった。しかも、律令国家の中枢にある人物による事業であり、かつ皇后宮職という国家機関による事業でもあることから、個々の仏教徒による実践とは異なり、福祉事業と称すべきところがあると考える。こうした社会的な諸問題に対して、明確な解決策を提示する認識が未発達の段階では、権力の中心にある人物による事業が有効性を持ってきたのであった。

こうした福祉事業の役割に関して、まずその要となる光明皇后の立脚点から、仏教思想との関わりを分析して、その上で史料から明らかになるところを検証していくこととしたい。

なお、光明皇后は、立后の前までは光明子、聖武天皇退位後には皇太后と称し、その呼び名は時期によって異なっているが、史料引用の場合を除いて、すべて光明皇后と表記していく。

第一節　光明皇后の立脚点

ここでは、光明皇后の福祉事業を明らかにすべく、その事業を根拠づける議論からはじめていくことにする。しかし、周知のとおりこれまでの幾多の先行研究から、この問題に対する議論は尽くされていると考える。したがって、まず明記すべき点は、福田思想に言及しておくことである。施薬院・悲田院など一定の施設を以て福祉事業を展開する場合、それは、「仏説諸徳福田経」に示す「七福田」の中の「常に医薬を施し、衆病を療救す」がこれにあたる。(1)

ここに示されるように、「衆病」を対象とすること、貧困に苦しむ人びと、病人等を対象に布施をおこなうべきことを最もすぐれているとするなど、社会的な関わりを持つことにおいて一定の意義を明示している。そこに、仏教が果すべき役割が説かれていることに注意すべき点がある。

次に、中国の先行事例も、既に勝浦令子氏らの先行研究によって提示されている。斉の文恵太子（四五八～四九三）が窮民病者を収容する施設を造ったこと（『南斉書』）、梁の武帝（四六四～五四九）が孤独園を設置し（『梁書』）、唐代では則天武后（六二四～七〇五）のもとでの「悲田養病坊」の存在など（『全唐文』）がある。(2)

これらは、先の経典と並行するように、為政者の手でなされた福田思想の実践でもある。王権の確立が仏教を標榜することで明確となり、福田思想を具体化することでその基盤形成をはかったと考えることができる。

このような仏教の福田思想と中国の先行事例が、律令制度を完成させた日本に多大な影響を与えたことはすでに明らかにされてきたところである。

ここから、光明皇后による施薬院・悲田院設立をめぐる問題を明らかにしていくために、そこにどのような立脚点が所在したかを述べていくことにしたい。

光明皇后には自身の意図を明示する史料が残されている。律令国家体制において最も高い地位である天皇の后であったこと、東大寺大仏造営というこの時代の未曾有の大事業に深く関わったことによって、豊富な史料を後世に残すことができたのであろう。

そこで、まず「国家珍宝帳」から検討していくことにしたい。[3] 周知のように、この「国家珍宝帳」は、天平勝宝八歳(七五六)六月二十一日、聖武天皇七七忌にさいし、「太上天皇の奉為に国家珍宝等を捨して東大寺に入れる願文光明皇太后」と冒頭に明記しているように、光明皇后により東大寺大仏に奉献された聖武天皇の遺品等を記した巻子である。それは、現存する五つの『東大寺献物帳』のひとつであり、巻首に「光明皇太后」の願文があり、六百数十点の遺愛品の目録を載せている。

ここに記される願文は、右に記したところを明示して、「妾は聞く」と願文の主体を述べ、次のように現世に対する見方と仏教の功徳を説いている。

> 悠々たる三界に猛火は常に流れ、杳々たる五道に毒網は是れ荘なりと。ゆゑに自在の大雄、天人の師の仏は、法釣を垂れて物を利し、智鏡を開きて世を済ひ、遂に擾々たる群生をして寂滅の域に入らしめ、蠢々たる品類をして常楽の庭に趣かしむ。[4]

このように、「猛火」と「毒網」の現世に対し、仏による「済世」の意味を、「群生」の「寂滅」と、「品類」の「常楽」にあると理解する立場が示されている。

また、この願文の末尾では「今上陛下の寿」を讃えながら、次のように述べている。

> 復た乃ち天は成《ととの》ひ、地は平らかに、時は康らけく、俗は阜《さかん》に、万姓は无為の化を奉じ、百工は有道の風に遵ひ、

十方の三界、六道の四生も、同じく此の福に霑ほひ、咸は妙果に登らんことを。盧舎那仏に献ず。(5)

との願いを述べて、「天成」「地平」「時康」「俗阜」という世界観を示して、冒頭に述べた現世の厳しさから一転して「平」「康」を強調していく。そこに盧舎那仏造営がもたらす安定した社会状況を願う立場がある。そのことは、「俗阜」なることによって、福の広がりを得て、「妙果に登らんこと」と結ばれていく。

このように、願文の前半においてまず強調されるべきことは、「妾は聞く」と一人称で語りかけていることである。そこに光明皇后が自らの主体的な立場を明示していこうとする強い意志が働いているとみることができる。したがって、以下に続く願文の構成は、自身の仏教理解を基礎に、現世に対する見方、国家のありようを説いていると考えることができる。

そうした点で、『続日本紀』天平十五年(七四三)十月辛巳条の大仏造営詔とも関連しているところもある。とくに同条に「誠に三宝の威霊に頼りて乾坤相泰かにし、万代の福業を脩めて動植咸く栄えむとす」としているところは、光明皇后が提示した「平」「康」を強調するところとの共通点も見出される。

しかしながら、「群生」の「寂滅」や「俗阜」にして「妙果に登らんこと」を願う立場は、大仏造営詔の立場とはやや異にする点もあるのではないだろうか。そこには、「国家珍宝等を捨して東大寺に入れる」とするように、「捨」を打ち出すことで願いを明示する態度となっていることにある。この「捨」を転機とすることで、盧舎那仏への帰依を示したのであった。そうした仏教理解が、「群生」「俗阜」など、人民を対象に入れて平静なる世界を願う立場となっていくと考えることができる。(6)

次に「種々薬帳」の願文について、同じように検討していく。(7)

ここでまず、その最後に記載されている願文をあげておくこととする。

前を以て堂内に安置し、盧舎那仏に供養す。もし病苦により用いるべき者あれば、並びに僧綱知りて、後に充用することを聴せ。伏して願はくは、この薬を服すれば、万病悉く除かれ、千苦皆救われ、諸善は成就し、諸悪は断却され、自らは業道にあらずとも、長じて夭折することなきを。遂に命終の後、花蔵世界に往生せしめ、盧舎那仏を奉じて、必ず遍く法界の位を証得せんと欲す。(8)

ここで示されているところは、施薬をとおして苦を救い、そこに「諸善成就」があるとする観点が提示されている。それは、「七福田」のひとつであった「常に医薬を施し、衆病を療救す」を具体化させ、さらにそれを善なる行為と理解する観念となって現れている。そして、ここでは、施薬が盧舎那仏を供養するとともに、病苦の者に用いられることを前提としている。まさに、供養することと適切に用いられることを同一視していることがそこから確認できる。そして、「苦を救う」ことをとおして、「抜苦与楽」を実現する「慈悲」を実践していくことで、福田思想を一歩進めた意義が見出せるのではないだろうか。

五点ある「東大寺献物帳」をそれぞれ分析された米田雄介氏は、この「種々薬帳」に「聖武天皇の菩提を弔うとの文言がなく」、「必要とあらば」その利用を認める「慈悲に富んだ内容となっている」としている。(9)この米田氏の評価は、次に述べるように、光明皇后の独自の立脚点を示唆するものとなるであろう。

それは、「服薬」によって、病苦を解き、夭折なきようにと願い、さらには、「諸善は成就し、諸悪は断却される」ことにも及んでいることにある。そこに、施薬が、苦しみを解く善なる行為と理解していく立場がある。それにより、施薬から導かれる光明皇后のより広い願いが内包されているとみることができる。

さらに、ここでは、「命終後」についても、「花蔵世界」への「往生」を願う立場をとっている。それは、施薬によって苦しみを解くだけではなく、往生までをも視野に入れていることを意味している。これによって、施薬の意味は、福田思想が説くところからさらに深くなり、より仏教的な世界を提示しているようにも思われる。

このように、「種々薬帳」の願文は、「国家珍宝帳」が提示した仏教観をさらに広げ、奉じた薬が病苦の者に用いられるべきとして、福田思想に基づく社会的な働きかけへと導いた。さらに、それに留まらず「命終後」の世界に言及して、より深い仏教理解が示されたのであった。

こうして、「種々薬帳」の願文は、先に述べた大仏造営詔が明らかにしたその権威を誇示する言葉を用いず、施薬により病苦から解かれること、その往生までも願うことで、光明皇后の立脚点を明確にさせていると考えることができる。

第二節　『続日本紀』の施薬院・悲田院関連記事

前節で「国家珍宝帳」「種々薬帳」などから光明皇后の立脚点を述べた。ここでは、福祉事業の具体的な展開事例である施薬院・悲田院について、『続日本紀』の記述から捉え返していくことにしたい。

『続日本紀』の施薬院・悲田院に関する記事は次にあげるように四点ある。(10)

①天平二年(七三〇)四月辛未条

始めて皇后宮職に施薬院を置く。諸国をして職封并びに大臣家の封戸の庸物を以て価に充て、草薬を買ひ取りて毎年これを進めしむ。

皇后宮職という公的機関に施薬院が設置された記事である。その機能を果すために「草薬」は、「職封并びに大臣家の封戸の庸物」によって購入されたと記す。皇后宮職と光明皇后の出身である藤原氏とが購入主体となっている。そここには、皇后宮職における施薬院が、二つの主体によって運営されているという意味にもつながっていくようにも考えられる。この点が、次に述べる山階寺の施薬院と関連していくところとなる。

②天平宝字元年(七五七)十二月辛亥条

勅すらく、普く疾病および貧乏の徒を救養せんがために、越前国の墾田一百町を以て永く山階寺施薬院に施す。伏して願はくは、此の善業に因りて、朕、衆生と与に三檀の福田を来際に窮め、十身の薬樹、塵区に蔭り、永く病苦の憂ひを滅して共に延寿の楽を保ち、遂に真妙の深理に契りて自ら円満の妙身を証せんことを、と。

この記事は、前半部を山階寺施薬院への墾田の施与、後半部が孝謙天皇の願文という形式となっている。前半の施与の問題から、皇后宮職の施薬院との関連が議論されてきた。この議論を整理した勝浦令子氏は、山階寺(興福寺)の施薬・悲田関係施設および各寺院における施薬院・悲田院等の所在を提示して、皇后宮職施薬院が複数の寺院の施薬活動を支えていたのではないかとした(11)。

こうした指摘から、天平二年四月の記事で二つの「草薬」の購入主体をあげたように、ここでも朝廷からの施与を以て活動の充実を図ることが、重要な意味を持ってくることになる。そこに、皇后宮職の施薬院が一定の活動実績を示してきたことで、このような施与へと結びついていくと考えることができる。そして、そのことは、各寺院における施薬・悲田関連の活動への広がりを促していくことにもなったと考えることができる。

さらに、後半部の孝謙天皇による願文は、山階寺施薬院への施与を「善業」と捉え、「衆生と与に三檀の福田を来際に窮め」るという願いを表明している。そこから、布施による功徳をとおして、「真妙の深理」「円満の妙身」という理想像を天皇という最高権力者の立場から明示していくこととなっている。

この理想像を明らかにすることが、施薬をとおして「疾病および貧乏の徒を救養」することでもあるとしているのである。こうして「善業」に一定の意味を持たせたことで、先述の光明皇后の立脚点としてあげた「種々薬帳」の願文に先行するところに立っているといえるのではないだろうか。

③天平宝字二年(七五八)八月庚子条。この条は、光明皇太后の尊号に関わる上表文で「皇太后」を讃えて、次のように「薬院」「悲田」について記している。

既にして神を恵苑に遊ばしめて三空の玄宗を体し、迹を禅林に降して一真の妙覚を開けり。大慈、至って深く、薬院を建てて普く済ひ、弘願、潜かに運り、悲田を設けて広く救ふ。

このように述べて、「一真の妙覚」のゆえに、「大慈」の深さ、「弘願」の運りを「施薬」「悲田」に集約させたとしている。光明皇后の事績が「妙覚」(さとり)に導かれたことを強調している点に注目したい。それは、「施薬」「悲田」いずれもが「普く済ひ」「広く救ふ」といい、幅広い救いであるという理解が示されている。そこには、この「施薬」「悲田」の事業が仏教の立場から導かれたという認識を持っているとみることができる。

こうして、「皇太后」の事績を讃えたことは、光明皇后の立脚点を理解しているかにみえるが、より厳密に捉えていくと必ずしもそうではないことに気づくであろう。

「国家珍宝帳」における光明皇后の立場は「捨」すことにあった。また、「種々薬帳」では、病苦から解かれること、その往生を願うことにあった。この上表文は、それらを「大慈至深」「弘願潜運」と捉えた。その把握は、事績を評価する点においては、一定の意味を持つが、具体的なところへ踏み込んでいかない点があることを見逃すことができない。

その点で先述の天平宝字元年十二月辛亥条が、「普く疾病および貧乏の徒を救養せんがため」と明確に目的を示したところとも異なっているともいえるであろう。上表文という性格から、こうした表記に留まるとする理解も可能だが、光明皇后の立脚点と上表文の間には溝があると考えることができるのではないだろうか。

④天平宝字四年（七六〇）六月乙丑条。この条は光明皇后卒伝として著名である。そこに、光明皇后の主たる事績のひとつとして「施薬・悲田両院」が記されている。

太后、仁慈にして志は物を救ふにあり。東大寺、天下の国分寺を創建せるはもと、太后の勧むる所なり。また、施薬・悲田両院を設け、以て天下飢病の徒を療養す。

このように、光明皇后が「仁慈」の人であること、その「志は物を救ふにあり」と評価し、東大寺・国分寺創建の功労者であり、「施薬・悲田両院」において「天下飢病の徒を療養」したと、その事績を明らかにしている。その記述は先の上表文と同じような立場であるが、「天下飢病の徒を療養す」と一歩踏み込んでいる。

そこで、この踏み込んだところにある「天下飢病の徒」について、考えてみたい。まず、この「天下」は、この前段の「天下の国分寺」にもあるように、全国を対象とすることを念頭においている。そうした規模の大きさを強調するねらいが込められていることから、卒伝はこれらの施策が皇后の強いリーダーシップのもとで展開されたとする意図で記述されたことを示している。

そうした点で、卒伝の記述は光明皇后の事績を讃える先の上表文の立場と同質のところに位置している。また、天平宝字元年十二月辛亥条も孝謙天皇の為政者としての立場を示している点で同様の立場であったといえる。

とすれば、先に記したように、光明皇后の立脚点を示す「国家珍宝帳」や「種々薬帳」の願文と『続日本紀』の記述との間に溝があることは明らかである。

その溝をどのように考えるべきなのであろうか。この問題を考えるにあたって、後藤四郎氏の見解に注目してみたい。同氏は、「国家珍宝帳」に天武天皇以来の皇位継承を正統とする強い意識がみられることを指摘されて、『続日本紀』編纂段階である平安初期には天武系から天智系に復していたことから、東大寺大仏への宝物献納事業関係の記事が削られたとする見解を提起している(12)。

この後藤氏の論を受けて、井上薫氏は藤原仲麻呂が天平宝字八歳に乱を起こし滅ぼされ逆賊扱いされたことも、宝物献納事業関係記事の削除と関わっているとする見解を提起している(13)。

後藤・井上両氏が提起されるところは、宝物献納に関わる事業が『続日本紀』に掲載されていないことへのひとつの解答である。そこには、皇位継承の正統性をめぐる問題および光明皇后を支えた藤原仲麻呂の失脚なども含めて、複雑な政治情勢との関わりが背景にあったと考えられる。そうした背景があるなかで『続日本紀』の編纂が進められていることは、光明皇后の事業についても、評価はできるが、その立場にまで踏み込んで理解していくことになっていかない理由があるとみるべきであろう。そこに、『続日本紀』の記述と光明皇后の立脚点との間に溝が生じたと考えることができる。

これらにより、光明皇后の福祉事業についての『続日本紀』の記述については、光明皇后の立脚点との間に一定の距離があったとみるべきであろう。

第三節　正倉院文書にみる施薬院関連史料

光明皇后が薬物を盧舎那仏に献納した天平勝宝八歳(七五六)六月以降、施薬院の請求により、その薬物が出蔵されていく。このことは、正倉院文書に記録されており、この文書をめぐって多くの研究成果が提示されている。ここでは、それらの成果をふまえて、施薬院が果たした意義を考えることにしたい。

薬物出蔵の記録は表「奈良時代の施薬院・悲田院関連年表」のとおりである。「双倉北雑物出用帳」の天平勝宝八歳十月三日付の記事には次のように記されている。[14]

人参伍拾斤小

右、依製御施薬院合薬料、下充如件、付秦牛甘、

このように記し、施薬院の求めにより薬物の「人参」を出蔵している。またその一方で、天平宝字三年（七五九）三月十九日付の「施薬院請物」には、次のように記している。[15]

桂心壹伯斤東大寺所収者

右件薬、為用所尽、既無院裏、今欲買用、亦無売人、仍請如件、

天平宝字三年三月十九日

葛木戸主

「宣」

このように、「桂心壹伯斤」に関して、施薬院になく、購入しようとしているものの、売る人もない状態にあるとする。ここに登場する葛木戸主は、「国家珍宝帳」「種々薬帳」にも署名しているように、光明皇后の側近にあたる人物である。

岩本健寿氏は、この記事を先の「双倉北雑物出用帳」天平宝字三年三月二十五日付の記事が、これに対応しているとしている。[16]ここでは次のように記されている。[17]

桂心壹伯斤小

右、依　御製、充施薬院、付薬園司尾張大海

天平宝字三月廿五日主典阿刀連酒主

表　奈良時代の施薬院・悲田院関連年表

年次(西暦)	月・日	関係事項	出　典
養老7年(723)	—・—	興福寺内に施薬院・悲田院 封戸50烟、伊予国水田百町、越前国稲10万束	扶桑略記
天平2年(730)	4・17	皇后宮職に施薬院を置く	続日本紀
同年	5・—	悲田、施薬両院を置く:「天下飢病の徒を以て療病す」	扶桑略記
天平11年(739)	8・11	「施薬院返抄」	大日本古文書 2-180
天平勝宝8歳(756)	6・21	「奉廬舎那仏種々薬帳」 60種21櫃	大日本古文書 4-171～175
同年	10・3	双倉北雑物出用帳・「人参伍拾斤小」・「施薬院に充てる」	大日本古文書 4-187
同年	12・16	京中孤児、葛木連戸主の戸に編附	続日本紀
天平宝字元年(757)	12・8	山階寺施薬院に越前国墾田百町施入	続日本紀
天平宝字2年(758)	8・1	「皇太后…薬院を建て…悲田を設け広く救ふ」	続日本紀
天平宝字3年(759)	3・19	「施薬院請物」・「桂心壹伯斤…既に院裏に無し…」	大日本古文書 14-279
同年	3・25	双倉北雑物出用帳・「桂心壹伯斤小」・「施薬院に充てる」	大日本古文書 4-188
天平宝字4年(760)	6・7	光明皇太后没・「悲田・施薬両院を設け、以て天下飢病の徒を療養す」	続日本紀
天平宝字5年(761)	3・29	双倉北雑物出用帳・「麝香六両…施諸人料」「桂心一辛櫃　…病者施薬料遷置双倉中間」・「枚麻呂の宣旨により諸病者に施す為に出す」	大日本古文書 4-191
		「麝香　十剤…高丘枚麻呂の宣旨により内裏に進らす」・「八剤…同宣旨により諸人に施す料に出す」	大日本古文書 25-付録15 「延暦六年六月廿六日珍財帳壹巻」
天平宝字8年(764)	7・25	「施薬院解」・「申請薬事、桂心小壹伯伍拾斤」	大日本古文書 16-504
同年	7・27	双倉北雑物出用帳・「桂心小壹伯伍拾斤」・「施薬院に充てる」	大日本古文書 4-193
天応元年(781)	8・18	双倉北雑物出用帳・「出物」・「桂心壹拾斤小」、「人参拾斤小」→「造寺司に出し充てる」	大日本古文書 4-202

造寺司次官高麗朝臣　大山
　判官河内恵師　祖足
検財使
礼部大補（輔）　市原王
坤宮大忠葛木宿祢戸主
鎮国次将田中朝臣多太麻呂
坤宮大疏池原君　禾守
大内記日置造　蓑麻呂
佐官　平栄
三綱
　知　事　承教
　都維那　仙主
　可信　善季

大僧都　良弁
小僧都　慈訓

これら二つの文書により、葛木戸主をとおして桂心が請求され、「御製」によって許可されて、施薬院に充てられていることとなっている。こうして、光明皇后の側近である戸主は施薬院の事業を有効なものとしている。

また、ここでは、「種々薬帳」に「僧綱知りて、後に充用することを聴せ」と記されていたように、「大僧都　良弁」のもとで僧綱もその手続きに関わっていた(18)。

なお、これと同様の記述は、光明皇后没後の天平宝字八年七月二十五日付の「施薬院解　申請薬事」なる文書にもある。[19] ここでも、「桂心小壹伯伍拾斤」について既に尽き、買い求めてもなく、このため「雑薬合作既停」という状態だとしている。このとき「知院事外従五位下行大外記兼内蔵助」である「高丘連比良麻呂」が「宜請東(大)寺所収充用之者、廿七日」とする「蚊屋采女宣」を奉じている。

これを受けて、「双倉北雑物出用帳」天平宝字八年七月二十七日付の記事に、[20]「依賀陽采女今月廿七日宣、充施薬院合薬料」とし、薬物が出蔵され施薬院に充てられている。そこでは、次のような署名が記されている。

造寺司判官祢努連　奥麻呂

佐伯宿祢　真守

使外従五位下行大外記兼内蔵助高丘連比良麻呂

右虎賁衛佐従五位下高麗朝臣　広山

大僧都堅太法師　良弁

三綱小維那僧　聞崇

このように、大僧都良弁のもとの僧綱も手続きに関わっている。こうして、高丘連比良麻呂が核となって、薬物出蔵の申請がなされ、施薬院に充てられることとなっている。

さらに、「双倉北雑物出用帳」には、光明皇后没後の天平宝字五年三月二十九日付の文書があり、先述の「施薬院解　申請薬事」で東大寺への使となった高丘連枚麻呂(比良麻呂)が宣旨に依り、諸病者を施すために出蔵した薬物が記されている。そこでは、「麝香六両」など六種の薬物を「施諸人料」としている。また、同じく「甘草」「大黄」「人心」(人参)「桂心」などそれぞれ「一辛櫃」について「已上病者施薬料遷置双倉中間」[21]としている。

これら薬物の「施料」や「遷置」などに関わった高丘連枚麻呂(比良麻呂)は、先述の史料から、施薬院による一連の動きを導いたと捉えることができる。

また、「延暦六年六月廿六日珍財帳　壹巻」によると、「施薬院」との明記はないが、「麝香」四十剤のうち「十剤」について「天平宝字五年三月廿九日、依越前介外従五位下高丘連枚麻呂宣旨、即付進　内裏」とあり、同「八剤」についいては「依同宣旨、施諸人料出」(22)と記している。

さらに、「双倉北雑物出用帳」天応元年(七八一)八月十八日付の「出物」として、七種類の薬物を記し、「依左大臣宣、出充造寺司」としている。その上で、手続きに関わった「造寺司次官」等と「三綱」の署名を明記している(23)。ここでの薬物は「桂心壹拾斤小」など、これまでの「桂心壹伯斤小」と比べて相当低い数値となっている。

したがって、これらの動きから、「施諸人料」が施薬院の活動の核であり、光明皇后没後も、なおその機能が継承されていたことを意味づけている(24)。そこから、「天下飢病の徒を療養」するという光明皇后卒伝等に記されていた立場が裏づけられていることを確かめることができる。その中で、天応元年八月の記事にみるように、規模の縮小という事態が明確になっている(25)。

このように、正倉院文書に示されている施薬院関連の史料は、「種々薬帳」の記述を反映させていること、また施薬院の歩みを明示していく記録となっている。また、次節でも述べていくが、施薬院の事業に関わっては、葛木戸主や高丘連比良麻呂など光明皇后の側近が重要な役割を担っていることも明らかとなっている。

第四節　悲田院をめぐって

ここでは、光明皇后の事業を担う悲田院について、考えてみることにしたい。そのために、先述した光明皇后の側近である葛木戸主からみていくこととする。この葛木戸主に関しては、『続日本紀』天平勝宝八歳(七五六)十二月乙未条に、次のような記事がある。

是より先、恩勅ありて京中の孤児を収集して衣糧を給して養はしむ。是に至りて男九人・女一人成人す。因て葛木連の姓を賜ひ、紫微少忠従五位上葛木連戸主の戸に編附し、以て親子の道を成さしむ。

との記事がある。これまでこの記事は「孤児」を葛木戸主の戸に編附したことで注目されてきた。とくに、戸主の妻である和気広虫(法均尼)が藤原仲麻呂の乱後に「民は飢疫に苦しみ、子を草間に棄す。人を遣はし収養せしめ、八十三児を得る。同じく養子と名づけて、葛木首を賜ふ」[26]と伝えられていることとも関連して、「孤児養育」の先駆として評価されてきた。

この問題について、川副武胤氏は早くから、これは「葛木戸主の戸に十人の成人男女を編附したというだけのことであって、孤児を収集し、衣糧を給して養育したのは、孝謙天皇若しくは光明皇太后であり、その施設は悲田院であろうと思はれる」[27]との見解を示した。

ここに、「孤児養育」の主体としての孝謙天皇、光明皇后の存在と悲田院の所在を明示する立場が提起されている。この論は、さらに施薬院の活動は光明皇后の側近である「竪子(内竪)」によって担われたとする井山温子氏[28]に受け継がれていくことになる。

その一方で、岩本健寿氏は施薬院が『続日本紀』に設置の記事があるのに対し、悲田院にはそれがなく、「悲田」は仏教用語であって、「施薬」も「悲田」の一部ではないかとしている[29]。

このように、悲田院に関する議論は、その設置に明確さを欠いていることで、相反する議論が登場している。そこには、悲田院設置の年次について記述がなく、わずかに光明皇后卒伝にある「施薬・悲田両院を設け」とあるところに留まっていることが問題となっている。

このような議論が出されているのは、これまで述べてきたように「種々薬帳」をはじめとして、光明皇后の福祉事業の核は「施薬」となっていることに、その理由があるといえる。その点で、「悲田」に関わる事項は、おおむね「施薬」もしくは「施薬院」と一体的に示されるところがある。そのため、悲田院の具体像がつかみにくくなっている。その一方で、「悲田」および「悲田院」について、『続日本紀』は一貫して「施薬」または「施薬院」と組み合わせて記述している。光明皇后に関わる他の史料は「施薬」もしくは「施薬院」のみを記述している。

悲田院を記す史料としては、東大寺大仏殿廻廊西地区から出土した木簡の裏面に「悲田院」の文字があり、表には「薬院」とあり、「仕奉人」の人名が記されている。(30)そのことから、施薬院から大仏鋳造現場へ人物が遣わされたとされ、また、悲田院の所在が確実との見方がされている。したがって、ここに、悲田院の存在自体を疑うことが難しくなってきたといえる。『続日本紀』もその存在を前提とした記述であると理解するべきであろう。

このように考えるならば、悲田院はその実態が見えにくいものの、その存在は明らかと考えるべきであろう。それは、勝浦氏が提示したように、奈良時代にあっては、「悲田」に関わる事項が、興福寺の「北悲田門」、大安寺の「悲田分」などに示されていることからも、明らかである。(31)

とすれば、川副・井山両氏が提起したように、一歩踏み込んで「孤児養育」の問題を解釈して、悲田院の存在を明らかにされたことも、首肯すべきことであろう。それと、もうひとつの理解として、先述した『続日本紀』天平宝字元年(七五七)十二月八日辛亥条において「普く疾病および貧乏の徒を救養せんがために」山階寺施薬院に施した例があるように、「施薬」が「疾病」と「貧乏の徒」を対象としていることが、手がかりとなるだろう。それは、貧窮の徒を救済対象とする悲田の意味につながるように、(32)「施薬」もまた「貧乏の徒を救養」することで「悲田」である。

このように、先述の岩本氏も提起されていたが、福田思想の実践が、「施薬」をとおして「悲田」を実現していくと、理解することができる。

このように考えると、施薬院において「諸人料」などをとおして展開していく事業は、そのまま「悲田」に通じていくものがある。その点からみていくと、施薬院における「悲田」の活動が、悲田院の存在を内包していると考えることができよう。したがって、ここでは、施薬院と悲田院は一体的に存在していたと考えることでき、光明皇后の福祉事業を意味づけていたといえるのではないだろうか。

まとめ

光明皇后の福祉事業について、その立脚点を明らかにし、『続日本紀』、正倉院文書等からこの事業の展開について考察してきた。福祉の原義に立ち返るとき、「よりよき状態」であろうとする願いはどのように理解していくことができるであろうか。

その第一は、光明皇后の立脚点が、施薬をとおして、苦しみを解いていくところにあり、それを善なる行為と理解していくところにあるとすることである。そこには、「国家珍宝帳」で提示した「捨」によって自らを顧みる仏教の理解があるといえるだろう。

しかし、第二に、『続日本紀』の記述には、必ずしもそうした光明皇后の立脚点は、反映されず、その事業を評価することに留まっている点があることである。それは、人びとの苦しみに寄り添う光明皇后の立場とは異なり、権威づけていくところがあるといえる。

第三には、施薬院と悲田院を一体的に理解していくべきことである。これまでにも提起されてきたように、悲田院の存在は必ずしも明らかではない。しかし、それは、その存在を疑問視することではない。平安京では悲田院の存在はきわめて重要な働きをしてきている。それらの点で、「施薬」をとおした「悲田」の意義は、施薬院・悲田院の一体的な存在につながっていくのではないだろうか。

以上から、光明皇后の立脚点を基礎に、仏教理解に依拠した福祉事業として意義を確認することができる。

註

(1)『大正新修大蔵経』第一六巻、七七七頁中。

(2) 勝浦令子「七・八世紀の仏教救済活動―施薬・悲田活動を中心に―」、『史論』第五三集、二〇〇一年、に出典を明記して紹介されている。

(3)「国家珍宝帳」については、『大日本古文書』第四巻、一二一～一七一頁、および第五八回『正倉院展目録』奈良国立博物館編集・発行、二〇〇六年、一一一～一二八頁を参照。

(4) 訓読については、井上薫「国家珍宝帳と大唐西域記との関係」(田村圓澄古稀記念会編『東アジアと日本』考古美術編所収、吉川弘文館、一九八七年)を参照。ここで、井上氏は「国家珍宝帳」と「大唐西域記」との関連性を説かれている。

(5) 訓読は井上薫、前掲註(4)論文。

(6)「捨」の仏教上の意味については、「四無量心」における「慈悲喜捨」にあるように、利他の心として位置づけられている。ここで自らの財を捨して盧舎那仏に献げることにおいて利他行への導きを示唆しているといえる。

（7）「種々薬帳」については、『大日本古文書』第四巻、一七一〜一七五頁、および第六二回『正倉院展目録』奈良国立博物館編集・発行、二〇一〇年、三六〜三九頁を参照。
（8）訓読の冒頭の「以前」について、「前にその名を列挙されている種々の薬を以て堂内に安置し、盧舎那仏に供養する」という意味であるとする、松尾良樹氏の指摘を参照（「『献物帳』試読」、『古代文化』第五一号、一九九九年）。
（9）米田雄介「東大寺献物帳作成の意義」、大阪大学文学部日本史研究室編『古代中世の社会と国家』所収、清文堂出版、一九九八年。なお、米田氏は宝物献納において「光明皇后の願いを汲み取るべきである」とし、「国家珍宝帳」と「種々薬帳」の献納の意味が違うとされている。また、北啓太氏も「献物帳管見」、『正倉院紀要』第三〇号、二〇〇九年で、「種々薬帳」が「病者に使うという特別な趣旨が付されている」ことなどをあげて、他の献物帳との違いを提起している。
（10）『続日本紀』からの引用は、青木和夫・稲岡耕二・笹山晴生・白藤禮幸校注『続日本紀』二・三、新日本古典文学大系一三・一四、岩波書店、一九九〇・一九九二年。
（11）勝浦令子、前掲註（2）論文。ここで勝浦氏は、皇后宮職・興福寺・大安寺・西大寺・四天王寺・薬王寺・多度神宮寺等における施薬・悲田活動をあげている。また、『扶桑略記』養老七年条の「興福寺施薬院」について、養老五年説を『興福寺略年代記』などから提示している。
なお、拙稿「光明皇后の施薬院・悲田院」、拙著『日本仏教救済事業史研究』所収、永田文昌堂、一九九七年、では、この『続日本紀』の記事などから、光明皇后の施薬院と山階寺（興福寺）施薬院とが同一である可能性を指摘したが、これまでの検討からも明らかなように、別の存在であるとするのが妥当である。よって、ここに同一説を修正したい。
（12）後藤四郎「正倉院雑考」、井上薫教授退官記念会編『日本古代の国家と宗教』下巻所収、一九八〇年。
（13）井上薫、前掲註（4）論文。

(14)『大日本古文書』第四巻、一八七頁。
(15)『大日本古文書』第一四巻、二七九頁。
(16)岩本健寿「奈良時代施薬院の変遷」、『早稲田大学大学院文学研究科紀要』第五四輯第四分冊、二〇〇九年。
(17)『大日本古文書』第四巻、一八八～一八九頁。
(18)中井真孝氏は、ここに記載されている「佐官　平栄」については、正倉院文書にしばしば登場しており、「僧綱の佐官」であるとされる(「奈良時代の僧綱」、井上薫教授退官記念会編『日本古代の国家と宗教』上巻所収、一九八〇年)。
(19)『大日本古文書』第一六巻、五〇四頁。
(20)『大日本古文書』第四巻、一九三～一九四頁。
(21)『大日本古文書』第四巻、一九一～一九二頁。なお、岩本健寿、前掲註(15)論文では、ここに記す「施薬料」は、マイクロフィルムの焼き付けを参照すると、「施料」と読めるとしている。また、同氏は、このような大規模な「遷置」は、「光明皇太后の一周忌供養を控えてのこと」および薬物出蔵の「手続きの煩雑化」に対処したものとする。
(22)『大日本古文書』第二五巻、付録一五頁。
(23)『大日本古文書』第四巻、二〇二～二〇三頁。
(24)井山温子氏は天平宝字八年三月頃に諸国・京内で干魃がみられたことから、「民衆の衣糧救済活動を継続的に行っていた」とする見解を提起している(「施薬院と悲田院」、薗田香融編『日本古代社会の史的展開』所収、一九九九年)。
(25)岩本健寿、前掲註(16)論文では、施薬院関連史料が確認されなくなる理由を、「御物の出納が勅旨省に集約され」たことによるとしている。
(26)『日本後紀』延暦十八年二月乙未条。
(27)川副武胤「和気廣虫傳私考」『南都佛教』第三〇号、一九七三年、後に同『日本古代王朝の思想と文化』に所収、吉川弘文館、一九八〇年。

(28) 井山温子、前掲註(24)論文。

(29) 岩本健寿、前掲註(16)論文。

(30) 中井一夫・和田萃「奈良・東大寺大仏殿廻廊西地区」、『木簡研究』第一一号、一九八九年。

(31) 勝浦令子、前掲註(2)論文。勝浦氏は、興福寺「北悲田門」(『興福寺流紀』、『大日本仏教全書第一二八　興福寺叢書第一』所収、五頁)、大安寺「悲田分」(「大安寺伽藍縁起并流記資財帳」『寧楽遺文』中巻、三六九頁)等について史料の上から、明らかにされている。

(32) 「像法決疑経」に「悲田者貧窮孤老乃至蟻子」とし「悲田最勝」と説く(『大正新修大蔵経』第八五巻、一三三六頁中)。

第五章　最澄の福祉思想

はじめに

最澄の福祉実践には『叡山大師伝』に記述されている「広済・広拯両院[1]」が着目されてきた。この両院は「往還に宿無き」により造られていた。だが、そうした実践だけではなく、福祉思想ともいうべきところが示されてきたことは、明らかなとおりである。

それは、大乗戒壇設立にむけて朝廷に提出したいわゆる『山家学生式』において、菩薩のありようを説き、その養成をはかろうとしたことである。そのなかにおいて最澄は、独自の慈悲観を提示し、「利国利人」の立場を説き、人びとの安寧を願うところを明らかにしていることで、福祉思想の根拠をみることができる。そこには、最澄による南都の仏教界への批判をとおして天台宗の独立、大乗戒壇設立など、平安新仏教の胎動にふさわしい意義が認められる。そうした動きの中で福祉思想の所在を考えていくことをとおして、仏教が担うべき社会的な役割が明らかにできることにもなるだろう。

このような意義をふまえて、『山家学生式』を中心にして、その福祉思想のありようを捉えてみることにしたい。そこで、最澄が『山家学生式』を通じて求めたところを分析し、その思想的意義と実践的課題から導かれる福祉思想のありようを明らかにしていきたいと考える。

第一節　「延暦二十五年太政官符」について

ここでは、『山家学生式』に至る過程について考えるために、最澄が天台宗の独立を朝廷に働きかけ、その実現をはかった延暦二十五年（八〇六）正月二十六日「太政官符」（以下「延暦二十五年太政官符」）[2]についてみていく。この「太政官符」により天台宗は二人の年分度者を獲得することになったが、最澄は天台宗に年分度者を得るための上表文（延暦二十五年正月三日）で「然れば則ち、陛下法施の徳は、独り古今に秀で、群生法財の用は、永く塵劫に足りなん」[3]とし、桓武天皇の徳により、仏法を継承する人びとが永く続くことを述べた。

ところが、この「延暦二十五年太政官符」の冒頭部の右大臣の宣では次のように記されている。

称く、勅を奉ず、災を攘ひ福を殖うること、仏教尤も勝れ、善を誘ひ生を利すること、斯の道に如くは無し。[4]

このような朝廷側の仏教への理解は、仏教の優位性を「災を攘ひ福を殖うる」（「攘災殖福」）および「善を誘ひ生を利する」（「誘善利生」）に求めていたことにあり、最澄の主張するような「群生法財」が「永く塵劫に足りなん」ということでは必ずしもなかった。

しかし、朝廷が最澄の主張を認めたのは、桓武天皇の不予という事態が背景にあり、最澄も「陛下法施の徳」を強調していた。[5]

そうした朝廷側の考えは、ここにはじまったわけではなく、「守護国家、利楽衆生」[6]および「興隆仏法、擁護国家、利楽群生」[7]と述べているように、朝廷側にある官人にとって、仏教が「国家守護」「群生利楽」を実現するという期待を有していた。それが桓武天皇不予と関わって、「攘災殖福」「誘善利生」の仏教を待望していくことになったのであった。

周知のように、奈良時代の仏教は僧尼令に基づき、「鎮護国家」を掲げ、僧綱が統制機関として君臨してきた。そうした仏教界のありようを宗派ごとに年分度者を配分していくことで新たな制度導入となり、大きな転換点となったのである。こうした問題をどのように捉えていくか、その議論の一端をみておきたい。

曾根正人氏はこの「延暦二十五年太政官符」により各宗派に年分度者が配されることで、「教学による宗派的色分けが持ち込まれ、護国の担い手の再生産は、宗派単位で把握されることになった」とし、「実質的に護国の担い手を宗派単位で再生産する機構」としての意味を持つようになったとされた(8)。

これに対し、村中祐生氏は国家仏教体制の堅固なるときに、体制内での形式に従うことになるとし、最澄が『山家学生式』で「上表文」等の形式を保持してきたことをふまえ、「実際の護国仏教の大勢に沿って、天台法華宗のあり方を純真に意義付ける提言」であったとされた。これにより、村中氏はこれまでの体制をふまえた最澄の「純真」な提議を認めていこうとされた(9)。

この議論から明らかなように、奈良時代の「鎮護国家」の仏教が、年分度者の配分という新たな制度に対して、南都仏教側も最澄も何らかの期待があり、朝廷にあってもそうした意味をつかみ取っていたといえる。そこに、現状を維持しながら一定の変革を目指すそれぞれのねらいが合致していくことにもなったといえよう。

しかし、こうして年分度者が天台宗に配分されたにもかかわらず、その度者が比叡山に留まらず、南都各宗に赴く「相奪」という事態に直面していく。そこから、最澄は「大乗戒壇」設立を朝廷に要求していくこととなる。それがいわゆる『山家学生式』となって朝廷に提議されていく。この問題については、次節で述べていくこととする。

第二節　『山家学生式』の立脚点

周知のように、この『山家学生式』は「天台法華宗年分学生式」（弘仁九年（八一八）五月十三日、以下「六条式」）、「勧奨天台宗年分学生式」（同年八月二十七日、以下「八条式」）、および「天台法華宗年分度者回小向大式」（同十年三月十五日、以下「四条式」）からなるが、この間に「比叡山天台法華院得業学生式」（同九年五月十五日）、「請立菩薩出家表」（同年五月二十一日）、さらには「四条式」に添えて「請立大乗戒表」を提議している。そして、最澄の大乗戒壇設立要請に対する僧綱からの批判に応えた『顕戒論』（弘仁十一年二月二十九日）もあり、これら一連の著作によって、最澄の晩年の大業が集約されている。本節ではこれらを検討対象としていく。

『山家学生式』の骨子である菩薩僧養成について、最澄の立脚点をどこに求めていくかを、次の六点をあげて述べてみたい。

第一に、「先帝国忌の日」に「菩薩の沙弥となし、菩薩の大戒を授けて亦菩薩僧となさん」[10]と述べているように、この菩薩僧養成の核に桓武天皇への畏敬が基礎となっていたことである。また、ここではこのときの天皇である嵯峨天皇の徳を讃えることも明記していた。この「表」が『山家学生式』最後の「四条式」を提議するさいの上表文であることからも、大乗戒壇設立を確かなものとすべく、その基本が天皇の裁許と庇護を必要とするという認識が最澄にあったのである。

そして、この「表」で「住山修学」を経て「国家の衛護となし、群生を福利し」と述べ、菩薩僧の目標となるところを明らかにした。それは、最澄が天台宗の独立を求めたその出発点から内に込めていたものでもあった。そのことは、「八条式」の末文で記す「仏法を住持して国家を利益し、群生を接引し[11]」としたところとも重なっている。その意味で「仏法住持」が「国家利益」となり、「群生接引」へと導かれる構図が明示されている。

これらの「国家」像は、「群生」と深く関わることで意味づけられている。天皇を核とすることでの認識は、「国家」と「群生」を一体的に捉えるという菩薩僧のありようへと高められているように思われる。

第二には、菩薩と君子について考えてみたい。最澄は菩薩僧養成の目的を「国宝」にあるとしている。ここにいう「国宝」とは、「六条式」の冒頭で「国宝」を「道心有るの仏子」と定義づけた後で、これが「西には菩薩と称し、東には君子と号す[12]」と述べ、人材養成の根幹にある「国宝」について、それは「菩薩」であり、もう一方で「君子」とよばれるとした。

ここから、「国宝」「道心有るの仏子」「菩薩」「君子」を一列で捉えるという意味が明示されていて、それらの核となっているのが「道心」ということになる。この「道心」は仏教の立場からの提示ではあるが、それでは、「君子」の場合はどうなるのであろうか。

「四条式」末尾の「奏上の文」とされるところで、最澄は菩薩と君子について、次のように述べている。

国宝国利、菩薩に非ずして誰ぞや。仏道には菩薩と称し、俗道には君子と号す。その戒広大にして、真俗一貫す。故に法華経に二種の菩薩を列ぬ。文殊師利菩薩、弥勒菩薩等は皆出家の菩薩、跋陀婆羅等の五百の菩薩は皆在家の菩薩なり[13]。

このように述べて、「仏道」と「俗道」とを分けて「菩薩」と「君子」を明らかにし、出家の菩薩と在家の菩薩をそれぞれあげた。こうした仏道・出家、俗道・在家の区分を示しながら、最澄は「真俗一貫」を主張する。このことについて、仲尾俊博氏は「大乗得定の者の明拠を開示す　三十三」（『顕戒論』巻上）に記す「道俗一観[14]」をふまえて、

「真俗一貫」に関して、「菩薩戒は戒相のうえでは僧俗の別はあっても、戒体の上では僧俗の別を認める必要はない」とし、そこに「差別即平等の一乗思想がみられ、絶対平等の人間性が発せられてくるのである」[15]と述べて、僧俗の一体性を強調している。それゆえに、ここでは「菩薩」も「君子」も同様と捉えることとなる。

一方、上原雅文氏は「君子」を「菩薩戒を誓いとして受けた為政者を意味するのではない」とし、「大菩薩となり、菩薩戒を身に付け、慈悲の活動の場を世俗に求めた存在」として「君子」「在家の菩薩」を捉え、「僧としてであれ俗人としてであれ、自在に他者救済活動を行う。そのような慈悲活動を可能にしている境地」として「真俗一貫」の概念があるとした[16]。

このように、「真俗一貫」を唱えていく理由は「菩薩」「君子」という僧俗の別を問わずに、一貫して問い続ける「道心」がそこに所在するということではないだろうか。こうした観点を提示した最澄には、僧俗それぞれのあるべき姿として「菩薩」と「君子」を構想し、その延長上にそれらを一体化させていたともいえる。

第三には、こうした菩薩と君子に対する見方を明らかにして、独自の慈悲観を提示したことである。それは、「六条式」において明らかにした「道心有るの仏子」について述べた次の点に注目したい。

道心有るの仏子、西には菩薩と称し、東には君子と号す。悪事を己に向へ、好事は他に与へ、己を忘れ他を利するは慈悲の極みなり[17]。

このように記し、先述のように菩薩と君子を並列した点で、その後に続く「慈悲の極み」とするところは、いうなれば「慈悲」に対する最澄の理解を提示したことになり、自らの慈悲観がそこに現れているのである。

つまり、「悪事」「好事」に対する自己のありようを説いて、「他を利する」(利他)という実践的な課題へと導いていくところに、慈悲の意味を見出すことが、菩薩であり君子であるとする。そうした意味で菩薩も君子も同じ慈悲観に立っていることで、「真俗一貫」につながるところを提示している。それでは、それぞれに意味するところは何であったのか。

この点については、古くは佐々木憲徳氏が梵網経を典拠にしていると指摘している。[18]「悪事」「好事」に関しては、梵網経十重禁戒の第七「自讃毀他戒」において、次のように記す。

若し仏子、自讃毀他し、また人を教えて自讃毀他せしめば、毀他の因、毀他の縁、毀他の法、毀他の業あり。しかも菩薩は、応に一切の衆生に代りて毀辱を加ふるを受け、悪事は己に向け、好事は他に与ふべし。若し自ら己が徳を揚げ、他人の好事を隠し、他人をして毀を受けしめば、これ菩薩の波羅夷罪なり。[19]

このように、「自讃」「毀他」を禁じた上で、菩薩は衆生に代わって「毀辱」を受けるとする。この「毀辱」を自ら引き受けることを強めて「悪事」と「好事」への対処を明示している。[20]ここに示される衆生に代わって「毀辱」を引き受けようとすることは、いわば「代受苦」の精神とも重なり、菩薩の実践的課題のひとつとして着目すべきものでもある。[21]これらのことから、菩薩にとって他者である衆生とともにあることが重要視され、「自讃」「毀他」となることは菩薩それ自身の否定となっていく。

したがって、菩薩にとって「悪事」「好事」をどう受けとめるべきかが、さらに問われることになる。己に向かえるべき「悪事」、他に与えるべき「好事」に関しては、石田瑞麿氏によると、前者を「悪を起こすは我に由る」、「善を生ずるは彼に由り」と解したのは義寂であったとする。[22]この解釈から明らかなことは、自らを律する態度ともいうべきところがある。「自讃」「毀他」を禁じたように、自らに起因する悪の所在と他者から生じる善の意味を、受けとめることが基本となっているように思われる。こうした自己分析、他者観察の鋭さについては、最澄が「願文」において「愚が中の極愚、狂が中の極狂、塵禿の有情、底下の最澄」[23]と厳しく自己省察したこととも関連している。

こうした意味から、菩薩にとって自らが依拠するところは常に他者との関わりのなかにあり、そのなかで冷徹に自己の所作を内省していく規律が求められているということではないだろうか。

このような理解に基づいて、「己を忘れ他を利する」（「忘己利他」）へと進む。「利他」の用語は『山家学生式』を含めて最澄の著作には数多く用いられているが、この「利他」を「忘己」と重ねることで、その語意を明示しようとしている。そこに「絶対的利他主義の実践」があると佐々木憲徳氏は指摘するが[24]、「利他」のありようを「忘己」とすることで菩薩が衆生に対してなすべきところを集約させているのではないだろうか。

ここに提示した事項を包括して、「慈悲の極みなり」と結んでいる。「慈悲」は仏教の根幹をなす実践課題である。それゆえ、幾多の解釈が積み上げられてきた。「抜苦与楽」をはじめとする理解から「四無量心」でいう「慈悲喜捨」があり、さらには三種の慈悲心である「衆生縁、法縁、無縁」などがある。

これらの解釈から、菩薩による衆生救済を根底から支える原理として慈悲があり、その慈悲について最澄は、先述したところを以て「慈悲の極みなり」と結んだ。つまり、これらの実践こそが最上の慈悲なのだというのである。

このように慈悲を理解し、実践的な課題を示したことは、いわば菩薩自身の主体的な立脚点を明らかにしていくものであり、先に述べた『山家学生式』が大乗戒壇設立のために働きかけた諸問題の骨格となっていくべき意味を持っている。それは、主体者としての菩薩が他者との深い関わり合いのなかで培うべき態度を問いかけているのである。

第四には、このような慈悲観が「国家」と「群生」に関わって、その「福利」をどのように求めていくかを示したことである。『山家学生式』の最初に掲げる「六条式」の第六条では「国を利し、人を利す」（「利国利人」）ことに強い関心が払われている。

「六条式」第六条において示した「利国利人」は、「修池修溝」等をとおしてなされることになる。ここでは、最澄の人材養成を受けて、「国師」「国用」らが「官符」により各地方に派遣され「諸国講師」の任に預ったさい、その職務の一つである「安居」において得られた「法服施料」に関して、ここでは次のように記している。

その国の講師は、一任の内、毎年安居の法服の施料は、即便ち当国の官舎に収納し、国司、郡司、相ひ対して検校し、将に国裏の池を修し、溝を修し、荒れたるを耕し、崩れたるを埋め、橋を造り、船を造り、樹を殖ゑ、莳を殖ゑ、麻を蒔き、草を蒔き、井を穿ち、水を引きて、国を利し人を利するに用ひんとす。経を講じ心を修めて、農商を用ひざれ。然るときは則ち道心の人、天下に相続し、君子の道、永代に断えざらん。(25)

こうして「国を利し、人を利す」(「利国利人」)ことは、「池を修し、溝を修し」(「修池修溝」)をはじめとする福祉実践を展開することで意味づけられている。周知のように、これらの実践は行基を先蹤とするものであり、最澄もその影響を受けていたとみることができる。ただし、行基は自らその実践に関与し、人々とともにその労を担った。最澄は「安居の法服施料」を国司・郡司の検校の下でなされるべきとし、「農商を用ひざれ」と直接の関与を否定している。そこには、農・商の行為を禁じた『四分律』の影響があったことも考えられる。さらには、地方の安定を確保する役割は国司・郡司にあり、かれらに施料を委託することで、「利国利人」を実現していこうとする意図もあったとみられる。

こうした地方官人との関わりには、最澄を支援した和気氏ら優れた官人の功績が背景にあったと考えられる。(26)

また、直接関与しないことで、地方の行政施策と距離をおくところがみられるが、先述の村中氏は「自らの力においては成し得ない」ゆえに「一人の官僧として考えつくこととしての救済策」が「法服の施料」であったとしたが、その姿勢はより社会的な広がりを視野に入れたものとなっていると指摘している。(27)

この指摘から、地方の困難な状況を緩和していく実践的な視点を導入させ、社会的な関心を広げていく菩薩僧のありようを形成させていくことになる。ここに記す「道心の人、天下に相続し、君子の道、永代に断えざらん」というのは、このような社会的関心を持つこと、社会とのつながりを求めていくことが「道心の人」を生み出すことになり、後継者養成を確かなものとするという主張となっているのではないだろうか。

そこで第五の問題が、先述の「延暦二十五年太政官符」で提示された「攘災殖福」「誘善利生」とこれらがどのように関わってくるのかである。最澄が『山家学生式』において「攘災」に関わるところを記したのは「四条式」の最後にあたる「奏上の文」と称されるところで、次のように述べている。

竊かに以るに、菩薩の国宝は法華経に載せ、大乗の利他は摩訶衍の説なり。弥天の七難は大乗経に非ずんば、何を以てか除くことをなさん。未然の大災は菩薩僧に非ずんば、豈冥滅することを得んや。利他の徳、大悲の力は諸仏の称するところ、人天歓喜す。仁王経の百僧、必ず般若の力を仮り、請雨経の八徳もまた大乗戒を屈す。(28)

とあるように、「未然の大災」を「冥滅」することに、菩薩僧の意義を明示している。『山家学生式』の最後にあたる「四条式」の末文に述べたこの部分は、いわば最澄の主張をまとめていくべきものでもあり、あえて「冥滅」と言い放ったことに並々ならぬ意志をみることができる。それは、また僧尼令という厳格な統制の下で修せられる「鎮護国家」という奈良時代の仏教のありようとは異なる意味があった。その意味で、奈良時代にはなかった菩薩僧の理念を提示し、「攘災殖福」を具現化する「未然の大災」の「冥滅」をはかるという点に着目する必要がある。

このような主張は、弘仁年間にたびたび起こった災害と関係していることが、朝枝善照氏によりすでに指摘されている。朝枝氏は最澄の目標が「群生済度」にあり、菩薩僧養成により仏教の社会的有用性が主張され、山林修行の功により災害克服を説いてきたと提起している。(29)

ところが、この最澄の主張に対して、僧綱から厳しい批判が発せられる。それは、先に記した「四条式」の末文の菩薩僧を意義づける一文に関して、次のように指弾している。

もし真の菩薩ならば、言ふ所の如くなるべし。その仮名の類はこの言に合はず。然る所以は、今時に当りて、未然の水旱を滅せず、已興の飢苦を救はず、所住の国邑に災禍繁多なり、所住の聚落に死亡少からず。これを以て知ることを得たり、真の菩薩に非ずと。既に言と事と相違す。あに偽詐の詞を信ぜんやと。(30)

このように述べて、真の菩薩ならできようが、仮名の菩薩にはできないのであって、現実に頻繁に災害は起きている。真の菩薩ではないから「四条式」の言辞に反しているとした。この批判に対して、最澄は次のように反論している。

論じて曰く、十住十地は分真の菩薩なり。相似以還は皆仮名なり。五濁の正災は諸仏も滅すること能はず。五濁の邪災は仮もまた能く除く。天下の水旱、我れに独り験なきに送り、四海の死亡、言を我が行住に寄せて、一猴に預ること意はず。明らかに知んぬ。我が道の大いなることを。(31)

こう記して、分真の菩薩の段階であり、五濁の世で起きる災害は仏であっても滅することはできないが、邪災であれば仮名菩薩であっても除くことができると主張した。そこから、菩薩僧は災害と向き合うところから出発して、利他の功徳と大悲の力を持つと主張し、「未然の大災」を「冥滅」するとしたのであった。僧綱から「今の時に当たりて」災害の絶え間ない現実を突き付けられても、菩薩僧養成によってこれを克服できるとし、「我が道の大いなること」を強調したのであった。(32)

こうした主張を可能とさせたのは、菩薩僧を養成することで、「百僧の菩薩を叡嶺に住せしめ」、「国の城郭」、「国の良将」となし、「未だ定まらざる災は、縁あれば必ず脱す」(33)とする信念があったからにほかならない。そこに、菩薩僧こそが「群生済度」による「攘災殖福」の担い手であるという最澄のねらいがあったのであろう。

こうして、この「攘災殖福」を菩薩僧が担うことで先の「六条式」で示された「利国利人」をはじめとする「群生」の「福利」を実現していくことになったのではないだろうか。このような意味において、「延暦二十五年太政官符」が指し示した仏教への期待を受け継ぎ、そこに菩薩僧養成を織り込むことで、最澄は大乗戒壇を設立しようとする意図を裏づけたともいえる。

こうした菩薩僧の役割については、さらに「八条式」の末文で記す「仏法を住持して国家を利益し、群生を接引し、後生を善に進めん」としたところと合わせて考えなければならない。ここに示されるように、菩薩僧養成を国家的な課題とすることで、「仏法住持」となり「国家利益」となる、さらに「群生接引」して「後生を善に進」めるとしている。かくしてこの「国家利益」が「群生」のもとへと導かれるとした。

同様のことは、「請立大乗戒」でも、菩薩僧が「住山修学」の十二年を経て「国家の衛護となし、群生を福利し、国宝国利具に宗式等の如くせん」[34]としたところも同じように考えるべきであろう。

これらは、国家の利益や守護を柱とすることで、「群生」と深く関わり合うという最澄の主張を意味づけている。そうした主張に、厳格な統制に基づく僧尼令を基礎とする奈良時代の「鎮護国家」の仏教とは異なり、菩薩僧養成を掲げることで新たな方向性を提示しようとしていたといえるだろう。

第六に、『山家学生式』では「菩薩僧」に十二年間の修学と修行の籠山行を課していたが、この籠山が意味するところを考えてみたい。この籠山行は、最澄自身がそうであったように比叡山での修学・修行の日々を糧として、「禅師」として世に出た自己体験と関連している。それは、南都仏教の都市的な性格、学問と祈禱との矛盾などへの批判を内包しているともいえる。[35]これに対して、先述の上原氏は「仮名の菩薩、災を除き国を護るの明拠を開示す　三十三」(『顕戒論』巻中)で述べている「一十二年精進の力、数年九旬の観行の功」[36]に注目し、次のように述べる。

都市寺院における祭祀者の形式的な「持戒清浄」に対して、徹底して世俗から分離して籠山修行を行うという山岳寺院の「籠山清浄」は、外面的な止悪としての「持戒清浄」ではなく、まして儀礼のための形式でもない。そこで長期間、戒定慧を修行し仏菩薩になるため、あるいは内面が仏に近似していくための時間的・空間的条件になっているのである。「籠山清浄」を時空の条件として獲得された仏との内面的近似、これが強力な呪力である「力」の根拠である。(37)

このように述べて、上原氏は籠山行が世俗から長期間分離することで内面的な「力」となり、仏に近似していく条件であり「力」であるとし、そこに『山家学生式』の革新性があると強調している。だが、先に提示したように、最澄の主張には僧俗の一体性を強調するところがあった。この一体性が「真俗一貫」の論理を導いたが、この籠山行にみる「力」の獲得は、それと一見矛盾するように思われる。

この問題に関して、曾根正人氏は最澄没後に大乗戒壇設立が朝廷に認められたことをふまえて、南都仏教側に新たな験がなく、最澄の側には「奈良時代から呪力の充電池と見られていた山林への十二年止住といった新たな効験を期しうる新行業」があったことをあげている。(38)その点に注目すると、籠山は菩薩僧の「力」として朝廷側に期待されていたといえよう。しかし、その「効験」に関して、最澄は「最下鈍の者も十二年を経れば必ず一験を得ん。常転常講は二六歳を期し、念誦護摩は十二年を限る。然れば則ち仏法は霊験ありて、国家安寧なることを得ん」(39)とも述べており、「最下鈍の者も」と語意を強めているように、修学、修行として十二年間の意味があり、菩薩僧養成の期間を明示し、その修学・修行の積み上げに菩薩僧としての一定の要件を求めたのではなかったろうか。(40)

さらに「時を知りて山に住するの明拠を開示す　四十七」(『顕戒論』巻下)にて、「濁世」において「山に住する」明拠を述べたように、この「濁世」から離れることで「濁世」の理由を受けとめる意味もそこに含まれているのではないだろうか。十二年はその認識を確かなものとする期間でもあるように思われる。

こうした点から、朝廷側の期待として籠山による「力」=「効験」があったとしても、それは、最澄の基本は菩薩僧養成にあり、菩薩僧自身の研鑽に着目しているのである。そこに、上原氏が指摘する「自在な他者救済活動の可能性を広げる」ための「力」を含んでいるとしても、朝廷側が求める「呪力」にどこまでつながっているかはさらに検証が必要だろうと考える。

以上のように、『山家学生式』で展開されたところを、六点にわたって捉えてきた。桓武天皇の「国忌」と菩薩僧養成とを結びつける点に着目し、菩薩のありようをそれぞれに検討してみた。それらから最澄には菩薩を実践主体と認識し、朝廷の期待に応じながら、多彩な救済を想定し、その上で籠山行という俗世間から一定期間分離させることで、菩薩僧を養成して、独自のありようを求めていたと理解できるのではないだろうか。

次節では、こうした菩薩行の実践的な展開をどのように促しているかを、福祉思想と関わらせながら探っていくことにしたい。

第三節　福祉思想との関連

ここでは、前節で述べたところを整理して、最澄の福祉思想の意義を考えていくこととする。

最澄が目指した菩薩僧養成への道筋は、「先帝国忌の日」を銘記したように天皇の裁許と庇護を見据えた「国家」像があった。それは、「国家衛護、群生福利」へと高めることで、菩薩僧養成を進めていくための基礎に国家があるという認識から出発していたとみることができよう。

しかし、最澄にとっての国家像は、「利国利人」を柱としたものであり、それは相次ぐ災害の頻発という現実をふまえての「未然の大災」を「冥滅」せんとする菩薩の課題ともなっている。そこには、体系的な支配の構造としての国家ではなく、人びとの安寧を願う立場に基づいている。その立場を掘り下げると、人びとの日々の暮らしの場であり、生活空間としての理解につながっているようにも思われる。その意味で、そこにあるものは、「願文」でも述べていたような「衆生を成就する」「仏国土」ともいうべきものであったのではないだろうか。(41)

ともあれ、こうした方向をたどろうとしたことには、最澄独自の慈悲観に根ざしているとみるべきであろう。その慈悲観は、先述のとおり「菩薩」「君子」を「道心有るの仏子」と捉えて、「悪事を己に向へ、好事は他に与へ、己を忘れ他を利するは慈悲の極みなり」へと導いた。(42)そこに内包されている論理こそ、「利国利人」であり「未然の大災」を「冥滅」せんとする菩薩のあるべき姿ではなかったかと考える。

というのも、「利国利人」としてあげている「修池修溝」等の福祉実践を意味づける事項は、農耕生産を確かなものとしていくだけではなく、耕作地の安定化を通じて災害等を防ぐことにもつながるものである。また、そうした実践につながる費用に関して、「法服施料」を国司・郡司に返納することで充てていくことには、「己を忘れ他を利する」という意図が込められていたのではないか。また、そうした返納するという行為をとおして、「社会的な視野」を持つことで、他者への確かな眼差しを得て、「自讃他毀戒」の主眼である他を損なうことなく、自らを慢心させることなく、自己を厳格に律していく態度へと高める姿勢へと導かれていくことになるのではないだろうか。

このように考えていくと、最澄が求めた菩薩僧養成にあっては、その慈悲観を基礎に「利国利人」が意味づけられ、社会的視野を獲得させて、自己を律する態度へと高めることが内包されていたのではないだろうか。そうした菩薩僧のありようを深く意味づけているのが、十二年の「籠山行」である。

前節でも述べたように、「籠山行」は「験」を得ることをねらいとしつつも、一定期間の修学・修行を重ねることで菩薩僧を養成できるとしたことである。したがって、「濁世」を「濁世」と認識せしめる等、一定の「力」を有していくことで菩薩僧へと高めていくところに、「籠山行」の意味があったといえよう。これにより、菩薩僧を理念としてだけではなく、具体的な養成期間を定めることで、世に輩出させることを可能にさせたのであった。

まとめ

以上のような観点から『山家学生式』が提示した問題点を捉え返したとき、福祉思想としての意義を求めていくとすれば、次の四点に集約することができるのではないか。

第一に、「利国利人」によって示されるとおり、人びとの安寧と農耕生産の安定を図ろうとしたことで衆生救済を具現化した。

第二に、菩薩としての立脚点に災害を未然に防ぐことを加えて、国家（国土）の安定をはかろうとしたことである。

第三に、独自の慈悲観を提起し、主体者としての菩薩のありようを明示したことである。梵網戒の規定をふまえながら、さらに一歩深めた理解はより厳格な菩薩像を形成させることになった。

第四に、この菩薩像を具現化していくために後継者養成の観点を導き、永続性のあるものとしていこうとしたことである。

この四点から、最澄の福祉思想は、その国家（国土）観と主体者としての菩薩像によって構成されていたことを理解することができる。

以上のように、最澄が『山家学生式』をとおして主張してきた菩薩僧養成の論理は、平安初期の社会状況とも関わって、「利国利人」を柱に人びとの安寧・安定と向き合うことで、展開されてきたのであった。その姿勢と態度に最澄の福祉思想の核心があったといえよう。

註

（1）『叡山大師伝』、『伝教大師全集』巻五、付録三三頁、世界聖典刊行会、一九八九年復刻版。
（2）『類聚三代格』巻二、「年分度者事」。
（3）『顕戒論縁起』巻上「新法華宗を加へんことを請ふ表一首」、『伝教大師全集』巻一、二九二頁。原文は漢文、以下同じ。
（4）『類聚三代格』巻二および『顕戒論縁起』巻上「太政官符治部省」・『伝教大師全集』巻一、二九五頁。なお、訓読にさいしては、安藤俊雄・薗田香融校注『最澄』（日本思想大系4）、岩波書店、一九七四年、および田村晃祐『最澄　山家学生式・顕戒論』日本の仏典1、筑摩書房、一九八七年等を参照している。
（5）田村晃祐氏は「桓武天皇不予による得度許可の功徳を求めることと相俟って、最澄の年分度者についての新しい制度の構想と、天台宗の度者を増やす試みにつながった」とする（『最澄』吉川弘文館、一九八五年、一〇三頁）。
（6）『顕戒論縁起』巻上「大日本国初て灌頂道場を建て、受法の弟子を定むる内侍の宣一首」、『伝教大師全集』巻一、二八四頁。
（7）『顕戒論縁起』巻上「治部省　国昌寺僧最澄」、『伝教大師全集』巻一、二八五頁。
（8）曾根正人『古代仏教界と王朝社会』吉川弘文館、二〇〇〇年、八七頁。

(9) 村中祐生『天台法華宗の研究』山喜房佛書林、二〇〇五年、六六四頁、および七〇五〜七〇六頁。
(10) 「請立大乗戒表」、『伝教大師全集』巻一、二四九頁。
(11) 「八条式」、『伝教大師全集』巻一、一五頁。
(12) 「六条式」、『伝教大師全集』巻一、一一頁。
(13) 「四条式」、『伝教大師全集』巻一、一九頁。
(14) 『顕戒論』巻上「大乗得定の者の明拠を開示す　七」に「小乗は生死を障隔す。故に光を和する能はず、大士は善悪旨を斉しくし、道俗一観す。故に終日凡夫にして、終日道法なりと」とある(『伝教大師全集』巻一、七五頁)。
(15) 仲尾俊博『日本初期天台の研究』永田文昌堂、一九七三年、一二四〜一二五頁。
(16) 上原雅文『最澄再考』ぺりかん社、二〇〇四年、一四八頁。
(17) 「六条式」、『伝教大師全集』巻一、一一頁。
(18) 佐々木憲徳『山家学生式新釈』ピタカ、一九七四年、二九一頁、初出は一九三八年。
(19) 『大正新脩大蔵経』第二十四巻、一〇〇四頁(原文は漢文)。
(20) 石田瑞麿氏は、義寂・法蔵らの注釈を紹介している(『梵網経』仏典講座一四、大蔵出版、一九七一年、一〇七〜一一一頁)。
(21) 田村芳朗「代受苦―菩薩と苦―」、仏教思想研究会『苦』所収、平楽寺書店、一九八〇年。
(22) 石田瑞麿氏は義寂「梵網経菩薩戒本疏」について言及している(前掲註(20)書、一一二頁)。
(23) 「願文」、『伝教大師全集』巻一、二頁。
(24) 佐々木憲徳、前掲註(18)書、二九一頁。
(25) 「六条式」、『伝教大師全集』巻一、一三頁。

(26) 拙稿「最澄の伝道者養成と社会的実践」、『日本仏教救済事業史研究』所収、永田文昌堂、一九九三年。
(27) 村中祐生、前掲註(9)書、四八一〜四八二頁。
(28) 「四条式」、『伝教大師全集』巻一、一九頁。
(29) 朝枝善照『平安初期仏教史研究』永田文昌堂、一九八〇年、二三七〜二三九頁。「群生済度」については、『顕戒論』下巻「自他平等に同じく法性に入るの明拠を開示す　五十八」参照。『伝教大師全集』巻一、一九七頁。
(30) 『顕戒論』巻中「仮名の菩薩、災を除き国を護るの明拠を開示す　三十三」、『伝教大師全集』巻一、一二五〜一二六頁。
(31) 同右。
(32) 朝枝善照氏は、僧綱の災害克服の立場は「僧尼令」に保障された枠内にあったとされている(前掲註(29)書、二四一頁)。
(33) 『顕戒論』巻中「仮名の菩薩、災を除き国を護るの明拠を開示す　三十三」(註(30)前掲書)。
(34) 「請立大乗戒」、『伝教大師全集』巻一、二四九頁。
(35) 仲尾俊博、前掲註(15)書、三八頁。
(36) 『顕戒論』巻中「仮名の菩薩、災を除き国を護るの明拠を開示す　三十三」(註(30)前掲書)。
(37) 上原雅文、前掲註(16)書、一三四〜一三五頁。
(38) 曾根正人、前掲註(8)書、九四頁。
(39) 『顕戒論』巻下「住山修学十二年を期するの明拠を開示す　四十六」、『伝教大師全集』巻一、一五三〜一五四頁。
(40) 『顕戒論』巻下「時を知りて山に住するの明拠を開示す　四十七」、『伝教大師全集』巻一、一五四頁。
(41) 大野栄人氏は、天台智顗にあっては、「一切衆生の成仏の可能性を示唆し、我々の住する娑婆世界こそ仏国土であることを明確に位置づけた」としている(「天台智顗における国土観」、日本仏教学会編『仏教における国土観』所収、平楽寺書店、一九九三年)。

(42) 守屋茂氏は「道心ある人と利他を目的とした慈悲との相即不離」を述べ、慈悲顕現の具体的方法として「修池修溝」等をあげている(『仏教社会事業の研究』法藏館、一九七一年、二〇四頁)。

第六章　空海と綜芸種智院

はじめに

弘法大師空海（七七四〜八三五）によって著述された「綜芸種智院式　并序」（以下「綜芸種智院式」）は、衆目の認める教育論として、現代に至っている。近代以来、多くの研究者がその優れた教育観に注目し、私学としての意義を高く評価してきた。綜芸種智院それ自体は、わずかな期間で役割を終えるが、空海の説いた教育論は今日に及ぶ影響力を保っている。

ここに、綜芸種智院を考えるポイントがある。平安時代初期において、わずかな期間しか役割を有しなかったにもかかわらず、近代以降にもその理念が生きていることである。なぜ、そのようなことになるのか。そこに、どのような意味が込められているのか。これらの疑問をひとつひとつ解いていくことで、綜芸種智院の世界が明らかとなるだろう。

さて、この綜芸種智院の問題は、既に数多くの研究があり、幾多の優れた先学がこの問題について卓見を披露され、その成果は久木幸男・小山田和夫編『空海と綜芸種智院―弘法大師の教育―』（思文閣出版、一九八四年）となっている。同書刊行から三十余年が経過し、綜芸種智院開設に関わる議論も提起されてきている。既に明らかにされたところも含めて検証していくことも必要とされるところである。

こうした点から、「綜芸種智院式」の成立を起点に、綜芸種智院の創設問題から四つの特色の分析、さらには廃絶に至る理由や開設を疑問視する議論などにも言及していくことで、包括的な議論の手がかりを得ていきたい。

第一節 「綜芸種智院式」について

一 「綜芸種智院式」の成立

「綜芸種智院式」は、天長五年(八二八)十二月十五日の日付を持ち、『続遍照発揮性霊集補闕鈔』巻第十[1]に収められている。一方、伝空海筆の「綜芸種智院式」がある。これは、高野山無量寿院に所蔵され、後に上杉謙信に贈られ、明治四年(一八七一)に上杉家から山形県米沢市の上杉神社に奉納されたとするものである。しかし、『続遍照発揮性霊集補闕鈔』巻第十のものとは内容に異同があり、空海の真蹟とすることはできないとされている[2]。

「綜芸種智院式」を収める『続遍照発揮性霊集補闕鈔』は、本来『遍照発揮性霊集』(以下『性霊集』)に含まれるものであったが、後に巻八、九、十が散佚して、仁和寺の済暹(一〇二五~一一一五)によってその遺文が収集されて、承暦三年(一〇七九)に『続遍照発揮性霊集補闕鈔』と称する三巻が編まれた。このなかには、空海作を疑うものもあるという[3]。この点で、「綜芸種智院式」は、天長五年からはるかな年月を隔てて蘇ったといういわれを持つことになった。

さて、『性霊集』は空海に師事した真済(八〇〇~八六〇)により編纂された空海の漢詩文集で、後世に及ぼした文学的宗教的影響の大きさは、計り知れないものがあり、その多彩な生涯を窺う根本資料でもある[4]。また、個人作品集であることから、勅撰によるこの時代の中心的な漢詩文集とは、性格を異にするものでもあった。それだけに、ここには、空海の思想と実践が集約されている。

「綜芸種智院式」が成立した天長五年は、空海にとっては晩年で、真言宗の教団としての完成の最終段階にあたる時期であった。同七年にそれぞれの宗義の書を提出させる勅命に応えて『秘密曼荼羅十住心論』を著し、密教を最高位に位置づけるべく真言宗の立脚点を明確に示した。承和元年(八三四)には諸弟子に遺誡し、翌年にその生涯を終えている。したがって、天長期は、真言宗としての仕上げを急ぐ段階でもあった。その時に、「綜芸種智院式」が著述されたのは、どのような意味があったのだろうか。同じように、空海の福祉実践として著名な万農(満濃)池の修築は、弘仁十二年(八二一)五月で、これより七年前のことである。

しかし、福祉実践を代表する万農池と綜芸種智院では、その性格に多少の相違がある。前者が讃岐国の要請に応えたのに対し、綜芸種智院は、後にも述べるように、自らの思索と実践の成果を具体化したものである。その意味からすれば、やはり是非とも取り組まなければならない課題であり、最終段階に至るところで果たすべき意味を持った。万農池修築、益田池碑銘(天長二年、『性霊集』巻第二)等をとおして、福祉実践への強い関わりを持ち、社会に開かれた活動に、思想的な土壌を積み上げていく意図を有しているのが、「綜芸種智院式」の基本的な立場である。

このような背景から、「綜芸種智院式」を著述していくべき意味が見出される。空海が思索をめぐらしたことのなかには、どのような世界が構想されていたのであろうか。

二　綜芸種智院創設の意図

「綜芸種智院式」によると、その創設の意図について、次のように述べている。

貧道物を済ふに意有って、竊かに三教の院を置かんことを庶幾ふ。一言響を吐けば千金即ち応ず。永く券契を捨てて遠く冒地を期す。給狐の金を敷くことを労せずして、忽ち勝軍の林泉を得たり。本願忽ちに感じて、名を樹てて綜芸種智院と曰ふ。

とあって、まず、以前より「三教の院」を置くことを、貧道（空海）自ら衆生済度の立場から構想していた。さらに、その意志表示に対し、直ちに「千金応ず」状況が作られたことが、示されている。この状況を作りだしたのは、式本文の冒頭に記す「辞納言藤大卿」（納言を辞任した藤原氏）である。この人物の用地提供があって、綜芸種智院創設が実現したというのである。

さて、「三教の院」構想とは何であろうか。三教については、仏教の顕教・密教・儒教を意味するという説と、儒教・仏教・道教をさすという説とがあるが、後者を採りたい。周知のように、儒・仏・道のなかから仏教を選ぶにいたったとする『聾瞽指帰』および『三教指帰』があるからである。この三教を学ぶ院を作ろうという志は、若き日の思想的苦悩を踏まえたものであることは、いうまでもない。それは、空海の出発点であり、思想的原点でもあった。このことが、後に述べるように綜芸種智院の教育の根幹となっていく。

また「物を済ふに意有って」とは、衆生済度の意志を明示している。空海の仏教思想が、密教の体系化によって完成されていくが、そこには鎮護国家と庶民教化の問題が含まれていた。それゆえに、先述のとおり福祉実践が、確かな実績となって多大な影響力を持つことになった。さらに、ここに明らかなように、衆生済度はかねてからの意志であった。そこには、密教の体系化が庶民教化を包括することで完成されるとの考えがあった。国家への鎮護は、天皇・貴族等を対象とするのではなく、庶民教化に及んで完結するということであったのではないか。『仁王経』『守護国界主経』等の護国経典を説くことについて、空海は「七難を摧滅し四時を調和し、国を護り家を護り、己を安んず。此の道の秘妙の典なり」（『性霊集』巻第四「国家の奉為に修法せんと請ふ表」）と述べ、国家鎮護を個々の人びとの問題へと視野を広げて捉えている。そこに、独自の鎮護国家への視点をみることができ、庶民教化への意志を確かめることができる。

ここに、衆生済度の意図が確認できたが、この理想を実現させるための物的基盤が必要である。この問題を解決させたのが「辞納言藤大卿」である。この人物について、古くは『東宝記』巻第六「講説等條々」、伝法会の項に「右僕射使ひを差して書を送って曰はく」とあり、また「高祖大師、右大臣冬嗣公と檀契の約、浅からず。然るに彼の公は九条の宅を捨て、永く勧学院と為して寄進す。大師すなわち綜芸種智院と号す」等から、藤原冬嗣（七七五～八二六）が用地等の提供者とみる見方が存在した。(5)

この『東宝記』（全八巻）は、南北朝期の東寺の僧杲宝（一三〇六～一三六二）の撰録になり、東寺の古代・中世の歴史、法会、美術等について記した根本史料である。綜芸種智院に関しては、先にあげた同書巻第六の伝法会の項に承和十二年（八四五）九月の「民部省符」を掲載するなかで言及されている。これは、後に詳しく述べるように、綜芸種智院の売却を示す史料である。この史料を承けて、綜芸種智院の歴史について述べたのが、先述の部分である。ここでは「綜芸種智院式」には触れずに、「民部省符」を基に記述を展開している。そこに藤原冬嗣との関わりが示されるのは、いかにも唐突である。しかも冬嗣は天長三年に没していて、納言を辞することもない。それらの点で、冬嗣とする見解は疑問とすべきである。(6) なお、この問題について、薗田香融氏は「かなり後の時代に東寺と摂関家との結びつきを強調するために偽作されたものであろう」としている。(7)

これらの点で、この人物は、弘仁十四年、嵯峨天皇の譲位により中納言を辞して嵯峨院に侍した藤原三守（七八五～八四〇）とされている。三守は、その薨伝（『続日本後紀』承和七年七月七日庚辰条）によると、次のような経歴を持っている。

大臣は参議従三位巨勢麿朝臣の孫、而して阿波守従五位上真作の第五子なり。大同元年主蔵正より、美作権掾、権介、内蔵助を累遷す。四年従五位下に叙す。右近衛少将を拝す。弘仁元年従五位上を加ふ。尋いで内蔵頭、春宮亮に任じ、四年累ねて従四位下を加授す。式部大輔を拝し、左兵衛督を累遷す。七年但馬守を兼ね、俄に参議を拝す。九年春宮大夫を兼ねる。(中略)十四年中納言に転じ正三位を加ふ。天皇禅国の後、辞退して嵯峨院に侍す。天長三年刑部卿に除し、五年大納言を拝す。兵部卿を兼ねる。七年弾正尹を兼ねる。十年従二位を授く。皇太子伝を兼ねる。承和五年右大臣を拝す。

このように、三守は藤原南家の出身で、上級貴族が歩む典型的なコースをたどっている。この三守は、弘仁十四年に中納言となりながら、嵯峨天皇の譲位にさいし、その地位を辞している。そこに「辞納言」の意味が求められる。しかし、『公卿補任』には天長五年三月に、大納言となったことが記されている。したがって、「綜芸種智院式」の十二月十五日の日付を絶対視できなくなる。むしろ、その成立を同年三月以前に求めるべきであるとの提起もある(8)。

三守は右大臣にまで登り詰めたことで、台閣の主要な座を占める当代きっての人物でもあった。このような人物の援助を受けることのできたことが、綜芸種智院創設の物的基盤となった。では、三守が、空海の構想に賛意を示したのはなぜか。先述の三守の薨伝には、さらに次のように記す。

三守は早く大学に入り、五経を受け習う。先の太上天皇の践祚の日に曁り、藩邸の旧臣を以て、殊に栄寵を賜ふ。立性温厚にして、兼ねて決断を明らかにす。詩人を招引して、杯を接して席を促す。参朝の次に、一両の学徒有り。諸に塗(道)に遭えば、必ず馬を下りてこれを過ぐ。これを以て当時著称す。

とあって、学問への熱意、その温厚な性格や学徒への謙虚な態度など、権力の中枢にいる人物とは思えない側面をみせている。こうした姿勢を示すことは、当時、地方行政に優れた実績を残した良吏とよばれる官人層の基盤にもつながるといえる。(9) ただ三守の場合は地方官としての実績を記していないし、中央での活躍が顕著であるから、良吏の範疇に含めることは困難である。しかし、このように高級官吏である三守が示した態度には、幅広い見方を持ち、学徒を気遣う卓越した資質を有する人物であることが示唆されている。こうした側面において、空海の構想への賛意を示す根拠が見出される。

衆生済度のために、三教を柱とした教学施設を造ろうとする意志が、三守の援助を生みだしたことが、綜芸種智院の創設を可能にさせたのであった。とくに、ここで注目すべきは三守の優れた官吏としての資質であり、こうした援助者を得ることで、綜芸種智院の存在理由が明らかとなる。綜芸種智院が、空海の独自の構想とそれを支える人びとによって完成されることによって、創設が意義づけられている。つまり、どちらを欠いても、完成されないのであって、この両者を結びつけることで可能となるべき意味がある。その意味をふまえて空海は「給狐の金を敷くことを労せずして、忽ち勝軍の林泉を得たり」と率直に喜びを表したのであった。

三　綜芸種智院創設の背景

空海が綜芸種智院を創設するさいに、二点の批判を受けたことが「綜芸種智院式」に記されている。第一には「先覚に漏れて、終に未だ其の美を見ず」という点である。批判者は、「備僕射(吉備真備)の二教、石納言(石上宅嗣)の芸亭」の例をあげて、それらが早くに衰退したことから「始め有って終無く、人去って跡穢れたり」と非難した。

吉備真備(六九三〜七七五)の二教院については、この一文しか史料がない。そのため、ここでの指摘と吉備真備の著作である『私教類聚』から、その概要を類推するしかない。真備は、天平七年(七三五)に唐から帰朝し、大学助に任ぜられ、五経等を自ら伝授したとされる（『三善清行意見封事』）ように、唐の学問を後継者に伝えた人物であった。

ここに示す二教とは、儒教と仏教を指す。『拾芥祢』下所収の『私教類聚』の目録の第一に「略して内外を示すべき事」に「内外（典）五戒」「外教（儒教）五常」を記している。ここに内典（仏教）・儒教の基本原理を示すことで、儒仏一致の立場を明らかにした。それは、中国南北朝期の顔之推の『顔氏家訓』の説を継承したもので、子孫への訓戒であり、朝廷に生きる官人の立脚点でもあった。[10] これらの点で、二教院の存在は不明瞭なものの真備の思想を反映させた施設であり、自らの子孫への導きを果たす役割があった。

石上宅嗣（七二九〜七八一）の芸亭院は、宅嗣の薨伝（『続日本紀』天応元年（七八一）六月二十四日辛亥条）によると、旧宅を捨てて阿閦寺とし、寺の一隅に芸亭という外典の院を設けたとある。薨伝に記す芸亭の条式には、次のように述べている。

内典を助けむが為に外書を加へ置く。地は是れ伽藍なり。事須らく禁戒すべし。庶はくは、同じき志を以て入る者は、空有に滞ること無くして兼ねて物我を忘れ、異代に来たらむ者は、塵労を超え出でて覚地に帰せむることを。

とあって、内典・外書を収める施設であることがわかる。しかも、現世を超え、我執を忘れ、俗塵に労することのないようにとの導きを示していることから、この施設が広く好学の徒に開放されるべきことを明らかにしている。また、賀陽豊年の卒伝（『日本後紀』弘仁六年六月二十七日丙寅条）に「芸亭院に屈して、数年の間博く群書を究む」とあって、書籍の渉猟にあたっていた。これらの点で、公開図書館としての性格であったとする評価が一般的である。一方、ここには「山を堅くし沼を穿ち竹を植へ花を栽へ」さらには橋や船までみられたということであった。[11] そのため、老荘的な自然環境にも配慮した施設であったとされている。[12]

こうしたことから、石上宅嗣の独自な観点が反映されている。それゆえ、吉備真備の二教院と同様に、この時代の先駆的な役割を担っていた。教育機関としての意味が薄い反面、学問を広く伝えていく役割を、個々の立場で発揮していたのである。

吉備真備・石上宅嗣らの先駆的な功績が、十分な社会的役割を発揚せずに終わったことへの批判を受けて、あえて綜芸種智院の創設を実行しようとしたのは、自らの理念を生かすべき意味を強く求めていたからに他ならない。その意味とは、空海その人の理想を具体化することであり、そのための教育機関の設立であった。それは、まさに私学としての役割を果たすことでもあった。

そこで、第二の批判に対する回答から、私学としての役割が何であるかを考えていきたい。この批判は「国家広く庠序を開いて諸芸を励ます。霹靂の下には蚊響何の益かあらん」とする。周知のように、律令制下の大学は大学寮をさし、中央の官吏養成機関であった。さらに、地方には国学があり、ともに令制によってさまざまな規制を受けていた。「国家広く庠序を開いて」とは、そのことをさす。「霹靂の下には蚊響何の益かあらん」と述べ、とるに足らない綜芸種智院のごときは蚊の鳴く声にすぎないというのである。

ここに、大学寮や国学とは明らかに異なる教育機関をめざす空海の意図がはっきりと示されている。「蚊響」であっても、益するに足るべき教育機関であることを求めていたのである。そこには、大学に入りながら、仏教の道へと転換していった空海の思いがある。また、この批判への回答である唐にあった閭塾や郷学の存在が、公的な教育機関よりも私学の役割を重視することになったといえる。

前者の問題は、『三教指帰』序文において述べられている。大学での勉学途上において、一沙門から提示された虚空蔵求聞持法を修することから、世俗の栄華を厭い、山林修行への思いを募らせたという。大学に入ることは、律令官人としての栄華を獲得することであり、それにより世間的な評価が高まることにもなる。そうした評価に対して、「物の情一つならず」とした上で「聖者人を駆るに教網三種あり。所謂、釈・李・孔なり。浅深隔たり有りと雖も竝びに皆聖説なり。若し一つの羅に入りなば、何ぞ忠孝に乖かむ」と記す。

釈（仏教）・李（道教）・孔（儒教）の聖説のひとつを選び取ることで、忠孝に背くことはないとした。そのことのなかに、三種の聖説を学ぶことの重要性が指摘されている。ところが、「綜芸種智院式」で述べるように寺院の僧侶は経典を弄び、大学の俊英も空しく儒教等の書に耽る状態であった（次節二項参照）。このように、寺院、大学においてはいずれか一方の教えに偏る実状にあった。ひとつを選びとっていくのではなく、学問の一方的で過度な偏重が、そこにあったと述べている。それゆえ、空海は三教を教学の柱にすえることで、寺院、大学にはない教育を可能にさせようとした。そこに、独自の姿勢があり、そのためにも私学としての役割を持たなければならなかったのである。

後者は、空海が留学中に見聞した閭塾や郷学の所在をどう捉えていたかをとおして考えたい。空海の回答では、坊ごとに閭塾があって「普く童稚を教え」ていた。郷学は県ごとに開かれていて「広く青衿を導」いていた。これにより「才子城に満ち、芸士国に盈てり」という状況を現出させていたという。空海は、唐における活発な教育状況を目の当たりにしていたのである。それでは、なぜこうした状況がみられたのであろうか。

ここで、唐代の教育について、掘り下げてみていくことにしたい。日本の学制の基となった唐の学制では、国子・太学・四門・律・書・算の六学があって、学生の身分によって分かれていた。三品以上の子孫は国子学に、同じく五品以上は太学に、七品以上および庶人は四門学にとなっていて、律以下の諸学の学生は八品以下および庶人の子であった。一方、それぞれの教官・学生の定員は、国子学が国子博士二人、助教二人、学生三〇〇人、太学が太学博士三人、助教三人、学生五〇〇人、四門学が四門博士三人、助教三人、学生五〇〇人、律学以下は各博士計五人、助教一人（書、算に助教なし）、学生計一一〇人であった。また、地方には府・州・県に、それぞれ府学・州学・県学が置かれた[13]。

一方、中国古代社会の私学教育は、諸子百家の伝統もあって、盛んであった。とくに、秦代の禁圧を経て、漢代に入り多くの人材が必要とされたことで、私学の復興がはかられた[14]。唐代にあっても私学の設立には制限が加えられず、開元二十一年（七三三）に「百姓の私学を任立することを許す。その州県の受業者を寄せ女人と欲すること、また聴す」（『唐会要』巻三十五）とあって、私学の設立が認められ、その数は官学の勢いを圧倒するものであったという[15]。その一端が、「綜芸種智院式」に記述されたのである。

このように、唐代の教育は、官学も私学も盛んであった。その背景には、隋代から始まった科挙制が考えられる。既に明らかなように、科挙制は、隋・唐の律令制を特色づけるもののひとつである。この科挙制は、幾多の変遷を経て、高等官資格試験として二十世紀初頭まで実施された。公平な試験をとおして官吏を登用していくことを前提とする制度であることで、必然的に社会に学習の気風を生みだすことにもなった。もちろん、実際に官吏として登用されるのは、限られた階層であったが、試験制度によってもたらされた学校教育への関心が、官学と私学を刺激して、学校の数量上の発展へとつなげたのである[16]。そこには、教育を受けることをとおして、社会的地位の向上を求めていこうとする機運があったと考えられる。このような機運を促したのは、唐代の平和と経済的繁栄によって、登用する人材により高度な教養を求める政治的需要も考慮されるべきであろう[17]。

したがって、唐代の学校教育における私学が高い地位にあり、多くの需要があったことを考えると、社会的な教育への関心という唐代社会の現実を前にして、空海がそこにひとつの理想的な姿を見出すことになったといえるであろう。

こうした唐代の教育の状況から、空海は日本における私学教育の必要性を考え、後述するように「貧賤の子弟」や「遠方の好事」のために閭塾の設置を決意したのである。それは、先述のように、衆生済度の現実的な完成を教育の充実に求めたことを意味する。そこに、綜芸種智院創設の背景の重要な契機をみることができる。

四　最澄との比較

前項で綜芸種智院創設に対する二つの批判への空海の回答をとおして、創設の背景を考えた。批判した「難者」は、空海の回答を得て「若し能く果して此の如くならば美を尽し善を尽せり」と讃えた上で、「国を益するの勝計、人を利するの宝洲」と評価したとある。こうした点へと導かれたのは、空海独自の教育観の表出によると同時に、同じ時代を生きた最澄の教育観とは決定的に異なる要素を持つことにあったと考えられる。

空海の綜芸種智院にたいし、最澄の教育観はどのようなものであったのだろうか。本書第五章においても述べてきたが、最澄は、弘仁九〜十年にかけて「天台法華宗年分学生式」（以下「六条式」）をはじめ「比叡山天台法華院得業学生式」（以下「八条式」）、「天台法華宗年分度者回小向大式」（以下「四条式」）等をとおして、天台教団独立のための大乗戒壇設立運動を展開していた。これらの式を通じて、最澄は後継僧の養成について独自のシステムを構想していた。空海の場合との比較において、どのような問題点が指摘できるかを考慮して、その特色をあげると、次の三点になる。

第一には、籠山十二年と呼ばれる修行年限を定めたこと。第二には、止観業・遮那業の学ぶべき経典をあげたこと。第三には、人材を国宝・国師・国用・国賊に分け、それぞれの特性を示し、進むべき道を明らかにしたこと。

第一の修行年限を定め、学ぶべき経典を示し、人材の特性と進路を明らかにすることは、まさしく後継僧養成のためのシステムであり、そのためのプログラムとしての意義を持っている。しかし、ここで一貫して述べているのは、「六条式」第二条に記す菩薩僧との位置づけにより、後継僧をいかに養成していくかをめざしていることである。したがって、空海の綜芸種智院と比較していこうとすれば、後継僧としての菩薩僧について検討していくことで、問題点を明らかにできるであろう。

そのことは、「六条式」第六条において、国師・国用の役割を述べて、安居の法服の施料を国司・郡司の下で池・溝などの修築により「国を利し、人を利す」ることに用いるべきとした。その上で、経典を講じて心を修め、決して農・商にあたるべきではないとする。そこに、社会と一定の距離を保つ僧のあり方が示されている。そして、それにより後継僧たるべき道心の人が続くであろうと述べている。

ここに提示されている問題点は、僧は実際的な実践と関わらないことで、そのあり様を規定したことであった。つまり、こうした溝・池等の修築といった実践には、良吏の優れた実績があり、それに委ねることが、最澄の基本的立場であった[18]。そこから、最澄にとって、衆生済度への導きは、後継僧を正しい菩薩僧として養成することにあったと考えることができる。

以上のような最澄の立場を考えると、空海の綜芸種智院は、自らの手で衆生済度への導きを、具体的な施設の建立を通じて果たそうとする意図が、明確に伝わってくる。一方、空海が真言宗の後継僧獲得のために年分度者を朝廷に要請したのは、没する直前の承和二年一月のことであった[19]。天台宗の独立と大乗戒壇の設立のために南都の寺院と闘い続けた最澄と、真言宗の年分度者を没年まで要請しなかった空海との違いがある。それは、最澄と空海の教団観の相違というべきであろうか[20]。ともあれ、天台宗の独立を至上命題に、菩薩僧としての後継僧養成の課題に取り組んだ最澄を一方にみて、空海の綜芸種智院創設がはかられたのではないだろうか。

先述のように、弘仁十二年に空海は万農池の修築の養成を受け、それを完成させた。そこには、先述のように「国を益するの勝計、人を利するの宝洲」があり、社会的に開かれた実践をとおして、衆生済度のありようを捉えることができた。そうした思いを記しているのが、益田池の碑銘である。

ここには、次のように記し、万農池での体験をふまえた記述をみることができる。

綸紵 雷のごとく震ひて 有司 功を創む 紀藤 草を薙り 果績 円豊なり 伴相 計を施し 原守 公に在り 良才 奇術ありて 民 具風に靡く（其の四）

爰に一坎有り 其の名は益田 之を堀るは人力にして 成るは也天自りす 車馬 霧のごとく聚まり 男女 雲のごとく連なる 帰来すること子に似たり 功を畢ふること年あらざるなり（其の五）

このように、官民一体となった事業の展開を讃えるところに、讃岐国の要請で修築にあたった体験との重なりをみることができる。また、人の力と天の賜を強調することで、衆生済度の現実的な意味を捉えている。銘文を求められた空海も「貧道不才にして仁に当り、固辞するも能わず」と述べて、一線を画すことを敢えてしていない。

これらの点で、空海は、衆生済度を現実的具体的なものと捉え、自らの手で実現することに重点を置いていたと考えられる。それゆえに、最澄の菩薩僧養成の課題とは異なる方向を捉えていたことが明らかとなる。官民一体の理念は共通するものの、人びとが集まり、活気を呈した状況のなかから、空海は、その力の大きさを成果としていくことができている。そこに、衆生済度の現実をみることができる。空海は、これにより、最澄の求めた方向とは異なって、自らの手で衆生済度を実現すべく、綜芸種智院創設への構想を立てることになったのである。

第二節　「綜芸種智院式」の特色

すでに述べてきたように、「綜芸種智院式」に関わる研究は多方面にわたって議論してきた。その研究状況をふまえ、筆者はかつて四点に及ぶ特色を明らかにしたことがある。(21) ここでは、この四点について、さらに詳しく検討してその意義を提示していくことにしたい。

この四点とは、①立地条件への配慮を示し、教育環境の重要性を明らかにしていること、②儒教・仏教・道教を網羅する総合教育、③対象を庶民にまで広げ、入学に制限を加えていないこと、④師資糧食の必要を認め、給費にすべきこと、を明らかにしたこと等である。

これら四点について、前節の議論をふまえて、それぞれについて述べていく。

一　立地条件

「綜芸種智院式」冒頭部には、藤原三守の左京九条にある邸宅の四至を明示して、その環境について詳しく述べている。また、「師を招くの章」では『論語』を引用して「択んで仁に処らずんば焉んぞ智を得ん」とし、さらに「智を得ることは仁者の処にあり」と述べ、「処」の重要性を指摘している。これらの点で、いかに空海が教育環境に意を用いていたかが理解できる。ここから、綜芸種智院の立地条件を分析することをとおして、空海の教育環境に対する考えを明らかにしていきたい。まず、「綜芸種智院式」に記す、その立地状況を、四至からみていく。

東は施薬慈院に隣り、西は真言の仁祠に近し。生休帰真の原、南に迫り、衣食出内の坊、北に居す。涌泉水鏡のごとくして表裏なり。流水汎溢して左右なり。

とあって、施薬慈院と真言の仁祠（東寺）が東西にあり、生休帰真の原（葬送の墓地）と衣食出内の坊（官の食品倉庫）が南北に接しているという。さらに、南北には涌泉があり、東西には小川が流れているという環境であるという。このようにその自然環境の美しさが言葉巧みに表現されている。

さて、東に位置する施薬慈院は、もと光明皇后によって設立された施薬院に発し、平安京にも継承されたもので、藤原氏がその別当にあたる旨『延喜交替式』に明記されている。この施薬院は、奈良時代以来の施薬救養の側面と、藤原冬嗣により食封千戸を財源とすることで、藤原氏の「諸親絶乏の者」等を救済していく役割も持っていた。(22) こうした平安京の施薬院の機能と綜芸種智院との関わりは明らかではないが、何らかの関連する意味を持っていた可能性はあろう。(23)

西の東寺は、空海の本拠となる寺院であり、それに近いことは、空海の指導が行き届くべき位置にあったことを意味する。その点で、東寺に近いことは、空海にとっても重要なことであったのではないか。南は「生休帰真の原」とあって、平安京の南端部であることを示している。北も「衣食出内の坊」とあって、東市との関連を示唆している。いずれも、泉や小川の所在を述べて、自然も豊かであったという。

このような記述をふまえて、さらに次のように記して、その環境への注目すべき見解を提起している。

兌には白虎の大道あり、離には朱雀の小沢あり。緇素逍遙する、何ぞ必ずしも山林のみならん。車馬往還すること朝夕に相続く。

とあって、兌（西）と離（南）の地相を述べながら、逍遙ができる環境であるとともに、車馬の往還が頻繁であるという。この一見矛盾する環境は、何を意味しているのか。先に述べたように、綜芸種智院の位置は、必ずしも自然環境の良さを強調しているわけではない。施薬慈院や東寺が近くにあって、東市も遠くはない。人びとの往来は、都である以上、少ないはずがない。ここで、車馬の往還の頻繁さをあげたことは、自然環境の良さとのバランスを強調するためではないか。

空海は、「処」の重要性を、往来の頻繁さと自然環境の保持の両面において考えたのであった。大学に学び、山林修行を経て、唐・長安で見聞した閭塾の盛況ぶりから、「処」の問題が突き詰められた。師との出会いを確かなものとし、「貧賤の子弟」「遠方の好事」が集まることのできる都市であること、さらに、自らを内省するにふさわしい逍遙が可能な地であることで、立地条件を明確にさせた。この二つの要素を併存させたことこそ意味がある。

こうして外的条件に配慮した教育観が形成されたことは、一方で、最澄の後継僧養成のシステムとは異なり、また律令制下の大学とも違い、門戸を広く開放した教育施設の役割を担うことを可能にさせた。それは、まさしく私学の意義を明らかにしたものであった。

二　総合教育

第二の特色は、総合教育である。綜芸の意味は「もろもろの学問を兼ね綜《す》べること」であった。その点で、この特色は綜芸種智院の核となるべき意義を持っている。それでは、ここでいう総合(綜芸)とはどのようなことであったのか。

「綜芸種智院式」では、「九流六芸は代を済ふの舟梁、十蔵五明は人を利するの惟れ宝なり」と述べて、九流六芸の世間的学問・技芸と、十蔵五明という仏教の出世間的学問との併存を述べ、「兼学」の重要性を唱えている。この「兼学」により「大覚を成じ」「綜通して遍知を証す」という。そこに、次に述べるように、現状への強い批判が込められている。

前来の聖帝賢臣、寺を建て院を置き、之を仰いで道を弘む。然りと雖も毘訶の方袍は偏に仏経を翫び、槐序の茂廉は空しく外書に耽る。三教の策、五明の簡の若きに至っては、壅がり泥んで通ぜず。

とあって、前節でもふれたように、毘訶の方袍（寺院の僧）も槐序の茂廉（大学の俊英）もそれぞれの本旨とは異なる方向に流れ、あるべき姿を忘れている現状を厳しく指摘している。「仏経を翫び」「空しく外書に耽る」と記述することは、それだけ混迷の深さを物語っている。

したがって、この現状批判は、寺院・大学それぞれが持っている役割を失っていることへの警告でもある。寺院にあっては、南都六宗の枠組みから法相宗が優位に立ち、そのバランスの崩れが深刻な影響を与え、心ある僧は山林修行をめざす状況にあった。一方、大学寮においても、神亀五年（七二八）、天平二年（七三〇）の改革による専門分野ごとに教官が配置され、先述した唐から帰朝した吉備真備の指導によって、儒教を主体とした官吏養成機関の性格を明確化していた[24]。

この現状のなかから、どのようにして本来の役割を回復すべきか。その問いに対する空海自身の回答が、総合教育への導きであったのではないか。その回答にあたるのが、「綜芸種智院式」の次の一文である。

肆に綜芸種智院を建てて、普く三教を蔵めて諸の能者を招く。冀ふ所は三曜炳著にして昏夜を迷衢に照らし、五乗鑣を竝べて群鹿を覚苑に駆らん。

とあって、綜芸種智院創設の鍵となるべき要素を、「能者」（学匠・教師）を招くことと、「昏夜を迷衢に照ら」すことをあげている。前者は、寺院・大学の偏向した学問のありようを克服すべき方策として、儒教・仏教・道教の三教それぞれの師を招き、総合的な観点からの教育をめざしている。寺院・大学が、いずれか一方の教えによって成立し、活気を失っている現状においては、異なる分野からの幅広い視点での議論が、重要であり、有効であるとする。この点について、久木幸男氏は「広い認識が精神を豊かにする」という実質陶冶ないしリアリズムの主張そのものだと提起している(25)。

また、後者では、既に明らかにしたように、衆生済度の意図を唱えている。「五乗」が「人・天・声聞・縁覚・菩薩等を運んで理想の世界に到達させる五の教え(26)」と解され、さらに「群鹿」と表現されることから、闇のなかの衆生に道を照らすべく、教えを用意して、悟りへの導きを得ようという意図が明示されている。

しかし、ここで注意すべきことは、寺院においては仏教が、大学においては儒教が主に教授されていたとしても、道教を教授する機関はあったのかということである。周知のように、日本における道教思想の導入は、相当に古いものであったが、伝来に関する史料に乏しく、不明な点が数多く存在する。しかし、古代の多くの文献資料には、道教思想の足跡が散在し、道教を基に分析しなければ明らかとならない点も多い(27)。

とすれば、道教思想の流入と社会的な広がりは、論を待たないところである。『三教指帰』においても儒仏道を基調にそのいずれかを選択する葛藤を描いていた。ところが、道教を教授する機関の存在は明らかではない。『日本文徳天皇実録』天安二年(八五八)二月十五日丙子条や、『日本三代実録』貞観十年(八六八)六月十一日癸酉条「滋野安成卒伝」によると、安成は宮廷侍従所で老荘の講義をしたことがあるという。道教を数える機関がなかったからであろう。このように教授すべき機関のない道教も加えて、三教としたところに、道教の影響力の大きさを認識していた空海の立場があった。それは、唐での体験とあわせて形成されたものといえよう。

このように、公的な機関において教授されていた儒教、仏教と具体的な機関はみられないものの社会的にも広がりを持っていた道教をもあわせて三教を教学の柱においた。道教を含んでいたところに、総合教育の意図が貫かれていた。このように考えると、三教をとおした総合教育が衆生済度の重要な要素となりうることで、開かれた教育の意義づけを果たすことにもなった。したがって、この方向は次に述べる第三の特色の庶民への教育のなかに広がっていくのである。

三　庶民への教育

第三の特色は、庶民への教育である。このことを明らかにしているのは、「綜芸種智院式」において、唐代の閭塾、郷学の所在を示して、次のように主張したことに依拠している。

今是の華城には但一つの大学のみ有って閭塾有ること無し。是の故に貧賤の子弟、津を問ふに所無く、遠方の好事、往還するに疲多し。今此の院を建てて普く瞳矇を済はん。亦善からざらん哉と。

とあって、都に一つの大学しかない現状を見て、貧賤の子弟や遠方の好事のための施設を造り、「道理にくらい」との意味である「瞳矇」の人を済おうとしたのである。閭塾と大学との対照を通じて、貴族を中心とした官吏養成の教育機関である大学の問題点に触れ、貧賤の子弟・遠方の好事を対象とする教育施設の必要を説こうとしている。これらを対象としたことで、庶民への教育施設としての綜芸種智院の意義が説かれてきたのであった。

この問題を改めて検討していくとすれば、第一に、大学寮への入学をめぐる令の規定を確認し、第二に、久木幸男氏によって提起された白丁の舎人への登用等をとおしてみられるかれらの学問への要求の問題を考察して、庶民への教育が、どのような問題と意義を持ちえたかを分析することが有効ではないだろうか。

大学寮への入学については、学令大学生条に次のように記されている。

凡そ大学の生には、五位以上の子孫、及び東西の史部の子を取りて為よ。若し八位以上の子、情に願はば聴せ。

国学の生には、郡司の子弟を取りて為せ。大学生は式部を補てよ。国学生は国司を補てよ。並に年十三以上、十六以下にして、聡令ならむ者を取りて為せ。

とあって、入学に制限を加える立場に立つと同時に、八位以上には「情に願はば」との条件が付され、また、東西の史部も五位以上の条件外の存在としてあげている。このように、制限する立場を堅持しつつ、その周辺の階層までは人材を求めてもよいとする方向が示されている。そこでは、基本的に制限主義であることで、唐制の官吏登用の試験とは異なっている。この相違は、唐にあっては進士に及第して宰相に昇進する者も多く現れたのに対し、日本では奈良時代を通じ試験に及第して高位高官に達した例が皆無に近いという現実があった(28)。したがって、この制限主義からでは、幅広い人材を生かすべき手だては容易に見出しがたいものがある。空海が自らの大学入学の体験をふまえ、その制限主義に対する疑念を持ったのも当然といえよう。

では、庶民層が官吏登用に関して、全く道が閉ざされていたかというと、必ずしもそうではなかった。『令集解』巻三・職員令大学寮条に引く「釈云」に記述される天平二年三月二十七日奏において「明法生十人、文章生二十人は雑任及び白丁の聡慧なるものを简取せよ」とあることで、雑任・白丁にも入学の枠を広げてきたことが記されている。

法律を学ぶ明法生、漢詩文・歴史を学ぶ文章生が設置され、舎人・資人・衛士・仕丁など下級の官人をさす雑任と、無位の公民である白丁から取ることが可能となった。これは、先の学令の規定からみれば開放的であるが、明法生・文章生を分析された桃裕行氏は、雑任・白丁の出身者が必ずしもみられるわけではないが、低い姓の出身者が多い点を指摘し、その理由として、法律等が上級官吏の学ぶべき常識となっていなかったことをあげている(29)。

しかし、久木幸男氏は、この問題をさらに深め、九世紀初頭において白丁が東宮の舎人に任じられる例などをあげて、有力百姓・地方豪族らが中央政府機構に就くことで在地における権威を高めていったとし、そこに、かれらの教育要求に応じる施設として綜芸種智院が建てられたことを明らかにし、その後の政府の登用消極策への転換からその限界を指摘した(30)。

東宮に白丁が補されたのは、『日本後紀』大同元年(八〇六)七月十一日壬寅条「白丁百人を以て東宮舎人に補すことを聴す。永く以て例となせ」であるが、同書弘仁三年(八一二)十二月二十九日癸丑条には次のように記されている。

春宮坊舎人六百人、なかんずく入色五百人、白丁一百人なり。しかるに入色は仕官の心なく、白丁は唯一身にあり。ここを以て数年の後、駆使するに人乏しからん。宜しく五百のうち外位一百人を取りて、闕に随ひてこれを補すべし。

とあって、東宮(春宮)舎人について、外位の者を補任していく方向を示唆している。そのため、白丁がどのように中央政府機構へ出仕できたのか、さらに検討する必要がある。

白丁の出仕について明確に示しているのは、『延喜式』式部上においてで、次のように記している。

凡そ白丁は才伎に縁りて諸司の雑色に補せ。喪に遭ひて解退すれば、服閉じて後補せ。輙けて省に留まることを聴し、さらに白丁を取ることを得ず。但し杷笏に預かる者は、この例を用ひず。

とあって「才伎に縁り」諸司への補任の方向があったが、必ずしもその道は開かれたものとはいえない面もみられた。一方、雑色は「書算に耐える者あらば、省課試して諸司の史生に補任す」(『延喜式』式部上)という道が開かれていた。したがって、その才能、とくに書算を生かしていくことで、下級官吏への道があった。しかし、承和三年(八三六)正月十五日の太政官符では春宮坊の白丁舎人について「競ひて出身に預かり、勘籍の後、還りて遁去をなす。因りて不上を責めれば、放出して本に還る」とした上で、白丁は「格に依りて補せず」(『類聚三代格』巻四)とあって、白丁が東宮舎人となる場合は、勘籍（戸籍を照合した上で課役負担を免除すること）に魅力があり、その後には遁去する事態を招いているため、補任していかない方向が示されている。

しかし、承和十四年二月十四日の太政官符にも東宮舎人の人員の不足が問題となり、旧例に准ずべきことが唱えられている（『類聚三代格』巻四）。東宮舎人の需要があることから、白丁の階層にとって、勘籍以外にその魅力を見出すことは難しいといえよう。こうした有力百姓の登用が消極化するなかで、朝廷にとっては東宮の人員不足の事態があり、白丁には下級官人に止まる程度にすぎない舎人への登用であった。ここに、有力百姓と朝廷との齟齬があったといえよう。一方に、かれらの教育要求があり、登用への道が示されながら、人員不足の解消と勘籍の間を埋める方向を見出せないところに、新たな社会状況を創出できなかった理由がある。

その意味で、白丁の登用という事態を明らかにし、綜芸種智院との関わりを捉えた久木氏の分析は、九世紀初頭段階での教育要求とその限界を明らかにする意義があった。

とすれば、空海にとっての庶民教育への導きとは何であったのか。久木氏の提起のとおり白丁階層の教育要求があり、朝廷の側にも書算の能力を期待する動きもあった。そうした点で、庶民の学習への意欲は、社会的な広がりを有していた可能性があった。空海にとっては、この可能性を、より有効ならしめる綜芸種智院の創設に意義を求めていたのではないだろうか。

一方、柳井滋氏は、東寺が「他宗の僧を雑住せしむる莫かれ[31]」とした排他性を補って均衡を取る意味で、綜芸種智院の開放性を指摘している[32]。この指摘は、東寺と綜芸種智院とを一体として捉えた意味を持つ。久木氏が提起した白丁階層の教育要求とあいまって、教育の必要性が一方で求められ、真言宗としての独自性と最高の教理たるべき主張を全面展開しようとするとき、それを支えるべき意味は、必然的に開放的な性格を持つ綜芸種智院に求められる。

しかし、「綜芸種智院式」には東寺が近くに所在するとあるが、その関連性にまでは述べられていないし、真言宗への言及もない。だが、ここでは空海の衆生済度の実践が提起されている。その実践を可能にさせるためには、真言宗が持つ排他的な特性と均衡を保ちながら、実践を貫くべき意味が求められることも確かであり、開かれた施設であるための必然性が、そこにある。その意味で、柳井氏が提起したところは、空海の内に込められた意図を示唆している。

このように、庶民への教育の問題は、教育の社会的要求と真言宗の排他性との均衡のなかで、捉えていくことが必要となる。しかし、綜芸種智院が後継僧養成などとは何ら関わっていない以上、空海の理念と教団として院を運営していく上での齟齬が生じてこざるを得ないといえよう。そうした意味で次節にて述べる廃絶に関わる問題点が内包されていたといえよう。

四　給費制

第四の特色は、給費制である。「綜芸種智院式」の最後に記されたこの問題は、次のように述べている。

夫れ人は懸瓠に非ずといふは孔丘の格言なり。皆食に依って住すといふは釈尊の所談なり。然れば則ち其の道を弘めんと欲はば必ず須く其の人の飯すべし。若しは道、若しは俗、或いは師、或いは資、学道に心有らん者には、竝びに皆須く給すべし。

とあって「懸瓠に非ず」といい「食に依って住す」と述べて、孔子や釈尊の言を引きながら、生活の基本を直視する態度を貫いている。食なくして学問なしとの態度でもある。こうした立場は、既に大学寮の改革にさいして提出されたところでもあった。

大学寮の場合をまずみてみよう。『続日本紀』天平二年三月二十七日辛亥条の太政官奏に、次のように記して、大学寮改革について述べ、食料給付に言及している。

大学の生徒既に歳月を経れども、業を習ふこと庸浅にして、猶博く達ぶこと難し。実に是家道困窮く、資けて給ふに物無し。学を好むこと有りと雖も、志を遂ぐるに堪えず。望み請はくは、性識聡慧にして芸業優長なる者、十人以下五人以上の専め学問に精しきを選び、善き誘を加へむことを。仍て夏・冬の服、并せて食料を賜はむ。

とあって、「家道困窮」にして、好学にもかかわらず志を遂行できない人物への援助・救済のために、得業生とよばれる十人以下五人以上の者を選抜し、かれらへの勉学の保障として夏・冬の服と食料の給付を示した。

しかし、この改革について検討を加えられた久木幸男氏は、得業生の新制度が唐制の模倣であり、律令体制強化策の一環と位置づけられ、また、衣服・食料の給付も貧窮学生の補助ではなく、「博く達ぶ」ことを求めるところに目的があったとされた(33)。このように、衣服・食料給付のねらいが、律令体制強化策のなかで明らかにできるならば、給付を可能にさせる国家の権威が内包されているとさえいえよう。そこには、道を弘めるためには、食が必要との「綜芸種智院式」の認識とは異なり、「家道困窮」者への救済が主題となっているからである。

その点から再び「綜芸種智院式」をみると、どのようにして食の問題を解決するのかが問われてくる。この点については、次のように記す。

然りと雖も道人素より清貧を事として、未だ資費を弁ぜず。且く若干の物を入る。若し国を益し人を利するに意有り、迷を出で覚を証することを志求せん者は、同じく涓塵を捨てて此の願を相済へ。生生世世に同じく仏乗に駕して共に群生を利せん。

と述べて「綜芸種智院式」を結んでいる。冒頭の藤原三守の邸宅の寄進から、ここでの「涓塵を捨て」ることをよびかけることに至るまで、財源を有志の喜捨に託すことに終始している。このことは、「今願ふ所は一人恩を降し三公力を勠せて、諸氏の英貴、諸宗の大徳、我と志を同じうせば百世継ぐこと成さん」と述べていることとも関連し、人びとの力を結集することを最後まで願ったのである。

こうした点で「綜芸種智院式」は勧進の書でもあるとしたのは、和田秀乗氏であった。和田氏は、完全給費制に教育の機会均等と平等の実現を捉え、財政的援助の懇願をとおして経営者空海の成功があったとした(34)。給費制の実現に奔走し、諸宗の大徳という他宗派の人びとにさえ懇願しようとしたことは、給費制をとおしてその教育の意図が明らかになるという信念を表示するもので、和田氏の説かれる意味もそこにあると思われる。

このように、空海が説く給費制は、先述の律令体制の強化策として示された内容とは異なり、徹底して寄進を募る方式により、人びとの志を結集させ、道を弘める意義を確認していくものであった。

以上、綜芸種智院の創設をめぐる問題と「綜芸種智院式」の特色について考えてみた。その高き理想と方策の具体性の欠如という問題が改めて浮かび上がってくる。そこに、開設に関わる実態が問われることになる。綜芸種智院の次なる課題として、その廃絶に関わる問題がある。この問題については、次節で検討することにしたい。

第三節　綜芸種智院と綜芸院

一　綜芸種智院の廃絶・非開設をめぐる議論

前節で検討してきたように、教育史上に優れた特色を提示した「綜芸種智院式」であったが、それを具現化する綜芸種智院は廃絶という事態にいたる。しかしながら、近年の研究においては、「綜芸種智院式」の特色とは別に、綜芸種智院それ自体の存在を疑う論説が提示されてきている。既に述べたように、その理由となるのは、綜芸種智院に関する史料が「綜芸種智院式」とその廃絶を記す承和十二年（八四五）「民部省符案」の二つしかないところにある。そのため、実態を明らかにするところが不足しているため、理念を議論する段階の次には、存否に関わる分析が登場することになったと考えることができる。

空海は承和二年に没し、東寺は実恵の下にあった。「綜芸種智院式」から二十年を経過し、その死から十年が過ぎていた。それは、やはり短い期間であったというべきであろう。そこで、この間の諸事情を明記し、その後の東寺のありようを提示するこの「民部省符案」を検討していくことが必要であり、かつその創設を疑う論について詳しく検討していくことにしたい。

綜芸種智院廃絶に関しては、さまざまに論じられてきた。そのなかで、最も一般的に主張されているのは、経済的理由がある(35)。前節で述べたように、綜芸種智院の特色である給費制には、膨大な費用を必要とすることは明らかである。そのため、経済的理由とする主張には一定の意味を持っていた。

しかし、この説に対して、反論を唱えたのが久木幸男氏であった。久木氏は承和十二年「民部省符案」所載の「実恵奏状」を分析されるなどして、経済的問題のみをもって廃絶の理由とすることを批判した。この「実恵奏状」に関しては後に詳しく分析していくが、久木氏は、前節の三項で述べたように、九世紀の社会状況として有力農民の教育要求と政府の白丁舎人登用の政策について明らかにして、綜芸種智院に民衆的性格があったと提起した。しかし、その民衆の教育要求にのみ依拠したわけではなかったところに、限界があったとしている(36)。つまり、久木氏は、綜芸種智院運営等の限界を明らかにすることで、廃絶の問題を解き明かそうとしたのであった。この見解は、廃絶の理由を経済的問題や理想に過ぎたとするなどの単一的な理由づけに対して反省を迫り、綜芸種智院が有していた問題を内から切開していく意味を持っていた。しかし、久木氏の論は具体例を明示するには史料が不足しているために、あくまでもこの時代の動向として理解するに留まらざるをえない側面を持っている。

とすれば、「実恵奏状」に立ち返って、より詳細に分析検討していくことが必要となるだろう。

そこで、次に、近年明らかにされた綜芸種智院非開設論について検討していくことにしたい。というのも、これらの論には「実恵奏状」で述べられていることが、主な論拠ともなっているからである。

まず、近年公表された綜芸種智院に関する次の研究について検討していく。

太田次男「空海「綜藝種智院式」に関する私見―私立学校の創設を繞って―」(『斯道文庫論集』第三七輯、二〇〇二年)

児堀　功「綜芸種智院の構想と実態」(『日本歴史』第七〇六号、二〇〇七年)

武内孝善「空海と綜芸種智院」(『空海伝の研究―後半生の軌跡と思想―』所収、吉川弘文館、二〇一五年、初出は二〇一四年)

これらの論は、まず太田氏が「綜芸種智院式」の分析を通じて、その開設を疑う論考を公表し、児堀氏がより精緻に「綜芸種智院式」の有する意義を分析しながら、非開設論を深められ、さらに、武内氏は両氏の議論を掘り下げ、より強固に開設への疑義を論じたのであった。

綜芸種智院開設の疑義をまず提起された太田次男氏の論について検討してみたい。その論拠となるところは、次のとおりである。

①「式」が「試造式曰」とするように、試案であり、未来形で読むべきとした。

②「招師章」以下が式で、具体性は希薄であり、学校設立の準備期間でいえば極く早期にあたる。

③「民部省符案」とともに所載している「実恵奏状」に関し、「宿心未だ畢らず」は「学校ができなかったということを示す最も貴重な一句」とした。

④天長八年（八三一）に空海は病により大僧都を辞すべく「奏上」を書き、翌年高野山に帰っていること。創設後の間もない重要な時期にその姿がみえない。

このように、「綜芸種智院式」を中心に「実恵奏状」も含めて分析され、そこに具体的な事項が十分に現れていないことなどから、開設に至らなかったのではないかとの見解を明らかにされた。

児堀氏の論は、太田氏の疑義を継承しつつも、「綜芸種智院式」を読み直し、空海の構想について言及しているところに特色がある。その論を要約すると次のようになる。

①「綜芸種智院式」が綜合主義教育に特色があることから、進んで官吏・僧侶養成機関の改革を意味すると理解するのが自然とした。

②「普く瞳矇を済ふ」について、何らかの入学制限を設けようとしていたのではないか。「貧賤子弟」は、大学に入れない相当の読み書き能力を身につけている庶民上層の一部を指している。

③「綜芸種智院式」では「今願ふ所は一人恩を降し三公力を勠せて、諸氏の英貴、諸宗の大徳、我と志を同じうせば百世継ぐことを成さん」と述べた点に着目し、そこに同志集団の共同運営、国家的支援を構想していたのではないかとしている。

④「綜芸種智院式」執筆から十数年で売却されることから、空海が国家的支援を取りつけるのに失敗したのであり、太田氏が説いた「実恵奏状」に記す「宿心未だ畢らず」の解釈を継承しつつ、これが空海の構想の失敗を暗に示しているとし、院の設立は未達成とした。

このように、「綜芸種智院式」の分析を通じて国家的支援のもとでの空海の構想が所在したことを提示し、それが実現できなかったことで失敗と評価している。

武内氏は、これらの先行研究および「綜芸種智院式」を綿密に分析したが、ここでは太田・児堀両氏の議論をふまえて、①「庶民教育の学校」に関わるところ、②綜芸種智院の開設に関わるところの論を提示しておきたい。

①教育的なニーズが所在したことを述べて、「有力民衆の子弟、上層民衆」への教育が一定程度の意味を有したとの見解を提示した[37]。これに対し、児堀氏は「一般民衆子弟ではなく、大学に入れないものの相当の読み書き能力などを身につけている庶民上層」とした。この論に関し、武内氏は「天長元年八月二十二日太政官符[38]」から「庶民上層の一部も大学に入れたのではないか」とする一方、天変地異のなかで私立学校に行くことなど可能であったのか、学ばせる余裕がどれほどあったのか疑わしいとした[39]。

②については、「実恵奏状」に記す「将に以て経史を設けて教業に備え、田圃を支用に充てんとす」を、「~するつもり」と解釈した上で、空海の檀越である藤原三守の役割に注目した。三守が天皇に支援を要請したならば必ずや成功したはずであるが、そのような史料が存在しない。真言宗の年分度者の勅許がまだである段階で児堀氏のいう「官吏養成システム」「僧侶養成システム」等の改革まで視野にいれてはいなかったのではないかとしている[40]。

こうした点から、信頼できる史料が二つのみであること、三守のフォローなどが見られないことなどから、開設されたとは考えがたいとし、先行研究の議論、史料的制約などを根拠に開設への疑義を提示した。

このような近年の研究動向を考えていくと、「綜芸種智院式」が持つ教育史上の特色をどう評価するかというこれまでの研究から、その実態を問い、開設されたのか否かの議論へと移行している。こうした論議を生んできたのは、

「綜芸種智院式」には先述したように、和田秀乗氏が提起した「勧進の書」とする理解とも関連している。(41)

それゆえ、「綜芸種智院式」に具体的・実態的内容を求めることには限界があり、その限界点を「実恵奏状」にある「宿心未だ畢らず」あるいは「将に以て経史を設けて教業に備へ、田圃を支用に充てんとす」等の文言を援用して、開設されなかったのではなかったとの結論を導いたのであった。

こうして、「綜芸種智院式」の持つ教育史的意義と実態を明記しない限界点をどう解釈すべきかが問われたのであった。近年の研究はその問いに対して、「実恵奏状」の一部を援用することで、一つの結論を導いたといえる。となれば、綜芸種智院の開設を改めて問うことは、この「実恵奏状」を含めて「民部省符案」について見直す作業が必要ではないだろうか。というのも、東寺が大山荘を得るための重要な文書であるこの「民部省符案」をめぐっては、これまでにも種々の議論が積み上げられてきたのであり、そこに内包される問題はより深いところがあるように思われるからである。

そこで次に「民部省符案」に関する議論を整理してみることにする。

二　承和十二年「民部省符案」

綜芸種智院に関わるもうひとつの史料が「民部省符案」である。この史料は東寺に丹波国多紀郡の田地等を施入することを認めた民部省符と太政官符からなり、いわゆる「官省符」とされるものである。前者において東寺に施入した大山荘の四至など記して田地の詳細を明らかにしている。後者には「実恵称く」と記された文書を伴っていることから「実恵奏状」ともよばれ、ここに綜芸院との名称が記されている。

さて、この「民部省符案」は『平安遺文』に所載されてきた他に、『大山村史』史料編（宮川満編、丹南町大山財産区発行、一九六四年）および『兵庫県史　史料編』古代1（兵庫県発行、一九八四年）などにも取り上げられてきた。そのなかでも後者にあっては、同文書の「実恵奏状」の部分の「紙継目」の前半部分と後半部分とが「紙質その他からみて本来接続していたとは認めがたい」とし「本文書の作成時期及び内容については検討を要する」と付記されている。[42]この指摘により、同文書に関わる重要な問題点が提示されたが、そこにはこの文書をめぐるいくつかの研究があったからである。そこで、この研究状況を紐解いていくことにしたい。

まず「民部省符案」に関して、疑問を提示されたのが丸山幸彦氏であった。丸山氏は、大山荘における十一世紀初頭から十二世紀初頭にかけての坪付に関する史料を精査した。承和の民部省符が康平年間（一〇五八〜一〇六五）の坪付、国図等より新しい時点での情況を示しているとして、十一世紀前半の坪付に近いものであるとされた。[43]この提起により、「民部省符案」を見直す議論がはじまった。

次に、伊藤邦彦氏は、十世紀における大山荘に関する信頼性の高い諸文書を検討して、承和十二年「官省符」の存在は確実であるとし、同文書の四至は万寿四年（一〇二七）「東寺伝法供家牒案」と一致すること、長保二年（一〇〇〇）にはすでに「丹波国大山荘公験」が焼失していたことなどから、このころに東寺は新たに承和十二年「民部省符案」を作製していたとする見解を示した。[44]

また、大山荘をめぐる東寺と国衙との争いなどに注目した大山喬平氏は、「民部省符案」の原文書が伝わっていないこと、十一〜十二世紀頃、東寺が国衙による大山荘の収公を阻止するさいに、東寺の主張を支える有力な決め手として持ち出したのが同文書であるとの見解を示し、東寺が後に偽作した疑いが持たれているとの論を提起した。[45]

このように、「民部省符案」の存在をめぐっては、記載内容の検討をとおして、疑義が提示されたが、大山荘をめぐる長年の東寺と国衙との抗争をはじめとする関係文書を分析された伊藤氏の論などから、その存在を認める見解が説得力を持つ一方、「丹波国大山荘公験」焼失などから、十一世紀頃に東寺が新たに作製し直したものとの見方が有力視されていくようになった。

こうした「民部省符案」をめぐる論議に一定の導きを提示したのが水野章二氏であった。水野氏は、現存の「民部省符案」（東寺百合文書無号之部二）は永承四年（一〇四九）十一月十一日大法師平深諷誦文等の紙背に記されていることを明らかにした。その上で、承和十二年「民部省符案」が下されたことは間違いなく、現存「民部省符案」と一致する四至や田数が記載されていたと考えられるが、後の関係文書と比べて現存のものには坪数や面積の水増しがみられるとし、それは十一世紀初頭頃までの開発の進展状況をふまえてのものであったことを明らかにした。(46)

この水野氏が提示したところと大山喬平氏が提起した議論などから、もともとの「民部省符案」から現存の「民部省符案」への道筋が明らかとなり、東寺による偽作というよりは坪数等の水増しなどから、十一世紀頃に作製し直したと確認できるのではないだろうか。なお、『大山村史』史料編に所載の東寺文書には大山荘に関連する文書が網羅的に収められている。そこでは、「民部省符案」は「官省符」として伝えられ、東寺領となったことを証拠立てる役割を担う文書として登場している。また、伝法料であることを明示するために実恵の名もしばしば記載されていて、「実恵奏状」が一体となって理解され、影響力を持ち続けたと考えることができる。(47)

とすれば、「民部省符案」の中に収められている「実恵奏状」は東寺にとって伝法料であることを主張する意味が込められていたとみることができる。そうであるならば、綜芸院売却という事実を提示するだけではなく、それを含めて東寺にとってどのような意味を持ち得たかを検討すべきではないだろうか。

三　「実恵奏状」

「実恵奏状」は『東宝記』第六巻「講説等條々」にも所載(48)されており、東寺において重要な文書でもあった。ここで、その構成を①～⑤に分け、訓読により検討していくことにしたい(49)。

①「太政官符」により「御願」について述べる。「以前、太政官去る八月八日の符を被むるに称く。少僧都伝燈大法師位実恵称く。御願有り。東寺において真言宗諸宝像を造り奉り、并に一切経諸儀軌を写し奉る。我が朝未だ曾て有らざる所なり。雕餝尽くし備えて既に訖んぬ。忝なく瑣身を以て敢へてその事を専にす」

②「綜芸院」について記す。「故空海大法師、私に一黌を建て名づけて綜芸院と曰ふ。将に以て経史を設け教業に備へ、田園を配し支用に充てんとす。宿心未だ畢らず。人化し時遷り、功業期する所独り方に(済し)難し。弟子等商量して彼の(院)を沽却し、件の田全(舎)を買ひ取り、即ち以て伝(法)の資となす」

③「田圃」を東寺に入れる手続きについて記す。「田圃寺に入れるは、皇憲聴さず、仍ち檀越等の名を仮り、私に券契の主となし、升葉を貽《おく》る。是れ隠宜に非ず」

④東寺に入れることについて天裁を聴く。「伏して望まくは、特に天造を蒙り、件等の田を以て、便ち東寺に入れ、永く伝(法)御願の真言宗経律論疏の料に充つことを。居諸とともに争ひ照らして、将に天地自ら存せんとす。若干の功徳は敷陳すること暇ず。伏して天裁を聴く、てへり」

⑤施入許可の手続きを記す。「大納言正三位兼行右近衛大将民部卿陸奥出羽按察使藤原朝臣良房宣す、勅を奉ずるに、特時(ママ)に准じ来奏せば、省宜しく承知し、件により勘入すべし。国宜しく承知し、件により之を行ずべし。符到り奉行す」(後略)

以上のような構成から、どのような主張がなされたのだろうか。これまでの議論では、綜芸種智院の売却に至る過程が重視されてきたが、この点も含めていくつかの問題点を見出すことができる。そこで、次の五点を上げて検討してみることにしたい。

第一に、「太政官符」を掲げて「御願」を明示することで、東寺への施入をめぐる問題の前提としていることである。この「御願」は「我が朝未だ曾て有らざる所」とあるように真言宗に課せられた大事業との認識があった。その背景については、筆者は既に検討したことがあるが、そこでは承和四年八月に真言宗から諸国講読師に任じる旨の勅が出され、教学整備の必要性が迫ってきたこと。また、同四年から六年にかけて仁明天皇不予の記事がみられることなども関連していたことを指摘した(50)。

ともあれ、「御願」をまず提示することが、この後に続く記述の前提であることを確認したい。

第二に、空海が「私に一黌を建て」綜芸院と名づけたことである。この記事で「私に」とすることで、御願という公的意味に対比していることが提示されている。また、ここから綜芸院の場合は「私に建て」たことにより(51)、「田園を配して支用に充て」ることが可能であったことも示唆している。それは、後に記す「田圃寺に入れるは、皇憲聴さず」というところと関わって、私的建立であることで「田園を配」すことができたことから、そこに綜芸院の運営方式が示されていたと考えることができる。

第三には、「人化し時遷り、功業期する所独り方に(済し)難し」という変遷のもとで、「弟子等商量」により綜芸院の「沽却」を、是とする結論を引き出すことになったと説明されていることである。

第四に、この綜芸院の運営方式を生かすべく、「田園を配」することで、伝法料に差し向けようとしたことである。そこに、綜芸院売却から伝法料への道筋を示していくねらいがあったとみることができる。

そのために、第五として、「皇憲聴さず」ということから、「檀越等の名を仮り、私に券契の主となし」との手続きを示した上で、「升葉[52]を貽る」としながらも「是れ隠宜に非ず」としたことである。ここにいう「升葉」が何を意味するか不明ではあるが、「貽《おく》る」の意から、檀越らへの謝礼に関わるものかと思われる。そうした事項を記しながらも「隠宜」ではないとしたことで、この手続きの妥当性を強調する意図が提示されている。

こうした五点から、「実恵奏状」は「御願」による事業をふまえて伝法料の確保という東寺の新たな使命を明示して、この綜芸院売却の正当性を主張していた。また、「田園を配し支用に充て」てきた綜芸院の運営方式にならって、「田圃」を東寺に入れるべき妥当な手続きを示して、「永く伝(法)御願の真言宗経律論疏の料に充つ」としたのであった。ここに、一連の事業の正当性と手続きの妥当性を明示する文書が「実恵奏状」であり、こうした根拠づけを可能としたことに意義があったと考えることができる。

このような理解が可能であるならば、太田氏・児堀氏が開設に至らなかった根拠としている「宿心未だ畢らず」について、どう考えるべきであろうか。まず、天長五年「綜芸種智院式」から承和十二年のここに至るまでの経過をみておくべきではないか。この文言が綜芸院の運営方式を示した後に位置し、しかもこの後に「人化し時遷り」と述べ年月の推移を記し、困難な状況にあったとして、「弟子等商量」した上での売却という結論へと導いている。つまり、「宿心未だ畢らず」で完結しておらず、売却に至るまでの時のながれをふまえての結論であったと読み取ることができる。

こう考えるならば、空海が「私に一黌を建て」て、一定の運営方式を有していたが、本来の志が果たされないまま、困難な状況に至ったため売却となったと読み解くことができるのではないだろうか。したがって、売却せざるを得ない状況があったことは、売却する対象としての綜芸院の所在が明示されていたからに他ならないのであり、この綜芸院の名称こそ、開設されたさいの名称であることを示していたのではないだろうか。したがって、これまでの論者が唱える非開設論には疑義があると考える。

しかしながら、開設されたからといって、その実態や学ぶ者のニーズなどの諸問題は残されている。先述のように、「綜芸種智院式」は理想的な教育のあり方を提示したが、実態的なところまで言及しているわけではない。そこに「勧募の書」という側面もあるからである。この実態的な部分については、「実恵奏状」にあるように、「功業期する所独り方に（済し）難し」にあるといえよう。

ここに記す「済」は『東宝記』に記されていたところから、「済カ」との注釈が先述の『兵庫県史　史料編』古代1に採用され、武内氏もこれを継承されている。この「済」には、「すくう」などの意味とともに「なす」「なしとげる」などの意味もあり[53]、「なしとげがたい」状況にあったと解することができ、「宿心未だ畢らず」と関わらせて非開設を導く論ともなったが、おそらくは、開設当初からあった厳しい局面を実態的に表現していると考えられ、弟子等の商量が重ねられてきたものと思われる。その厳しい局面を切り開いたのが伝法の資を得るための方策であった。綜芸院売却によって伝法料獲得への転換がはかられることで、東寺の新たな方向を提示することになった[54]。

なお、武内氏はその論証の過程で「空海の宿願すべて叶えられなかった」とすべきか、「綜芸種智院は開設されたけれども、有終の美をかざることができなかった」と解すべきか意見の分かれるところとされ、先述のように史料的制約から開設されたとは考えがたいと結論づけられた[55]。この後者の論に開設を示唆する見解が提示されているが、売却で終わっていたならば「有終の美をかざることができなかった」との表現ともなるだろうが、伝法会へのつながりを考慮すると、一定の意義を後世に残したとみるべきであろう。

以上のように、「実恵奏状」が明らかにしたところは、伝法会への道筋であり、そのための正当性と手続きの妥当性を証明しようとしたのであった。

四　伝法会への道筋

綜芸種智院の廃絶が、大山荘購入を経済基盤とする伝法会への道筋であれば、この道筋に関しても、一定の分析をすべきであろう。そこに、空海が構想した教団としての真言宗が果たすべき役割が、どのように具体化したかが問われるからであり、また、それは綜芸種智院式が説いたところとどう異なるかもみておくべきであろう。

伝法会へと導かれることは、そこに真言宗の教団としての転換点が内包されていたことになる。したがって、この問題は、真言宗の教団史として明らかにする必要がある。この件については、別稿にて論じたので(56)、ここでは、真言宗における伝法の問題へとどう収束していくかを考えていく。

弘仁十四年(八二三)十月の太政官符で、空海は東寺を他宗と雑住させないことを奏上し、真言宗の独立が明らかとなった。そこでは、その宗学として「大毘盧遮那金剛頂等二百余巻経、蘇悉地蘇婆呼根本部等百七十三巻律、金剛頂、菩提心、釈摩訶衍等十一巻論等(57)」をあげ、依拠すべき経・律・論を明示した。さらに、空海の没する直前の承和二年正月、真言宗に与えられた年分度者は「金剛頂業」「胎蔵業」「声明業」各一人、計三人であった。ここで、空海は「今真言一宗は、人法新たに起こり、流伝の年浅く、猶天恩に漏る」とした上で、「彼の七宗の例に准じて年分を蒙り賜る(58)」ことを願い出たのであった。こうして、空海における伝法の問題は解決されていったが、それは没する直前であり、天台宗などとは著しい後れをとっていた。

この問題は真言宗の伝法職位を定めた承和十年十一月の牒(59)において、結縁灌頂は「時に随ひて競進する者、皆之を授く」としている。ここには、幅広く人材を求める姿勢があり、いわば開放的な導きを用意している。それは、「綜芸種智院式」が求めた総合教育の立場にも共通する視点がある。一方、伝法灌頂は「人を簡び器を待ちて方に之を許す」とあって、この場合は両部大法、宗義、五種の護摩法を稟学して、修練加行に師範たるに耐える者という条件が加わり、真言宗の中心となっていく導き手であることを想定している。

こうして、伝法の意義が具体化していき、綜芸院売却の承和十二年を迎える。売却後に伝法会が行われることが『東宝記』第六「講説等條々」伝法会の項において窺える。ここでは、次のように述べている。

慈尊院興然阿闍梨記に云く、承和十四年、実恵僧都東寺において、伝法会之を始む。その料物種智院を沽却して、寺辺の水田を得たりと云々。

と記して、依拠する史料をあげ、さらに、関連の史料を掲載している。そのなかの「伝法会表白」では「承和十四年孟夏の初朔三日」と記述している。また、「承和十四年より毎年四月経律論疏を講演せらるる所なり」とも記している。さらに、「或る記に云く」として「承和十三年、実恵僧都大日経疏を講じ、聴衆等真雅上首と為して十余人」とも記す。「又或る記に云く」では「承和十三年四月廿五日講を始む、廿八日了ぬ」とあり、真雅ら十二人の聴衆をも記している。そして、その末尾には「その後代遷り人化し、相続の年記知らず、殆ど会儀の来歴を知る人頗る希なり」と結んでいる。

このように、少なくとも伝法会について三つの説があり、開始年次も「承和十三年」と「承和十四年」で一定していない。それは「相続の年記知らず」とあるように、伝法会の存続が十分な継承をみせていない点があると考えられるからである。この点については、先の「伝法会表白」に、弘仁十四年太政官符を引用して「この事ありと雖も未だ講演あらず」との現状から「少し許りの典籍を設け、願う所は秘蔵の法輪日月に懸け、永く辺際無し」と述べていることからも、相当の立ち後れのなかにあったものと思われる。

したがって、伝法会に向かう経過は、必ずしも順調とはいえない。また、教学の上から求めるところも、当然のことながら、真言宗を基盤とし他の学問への関心もみられない。それは、空海の弟子であり、卒伝に記されている真済と真雅の場合からも窺える。

真済は、その卒伝によると「少年にして出家し、大乗道を学び、兼ねて下伝に通じ、夙に識悟有りき。大僧都空海に従ひて、真言の教えを受く」（『三代実録』貞観二年（八六〇）二月二十五日条）とあり、出家して大乗道とその下伝（大乗をやや粗雑に述べた書の意）を学び、空海について真言を学んでいることからも、必ずしも三教に通じていたわけでもなく、空海からもそうした方向を指示されていない。

真雅も、その卒伝に「兄空海に承事して真言の法を受学し、十九歳にして具足戒を受け、徴されて内裏に侍り、帝の御前に於いて真言三十七尊の梵号を誦ふ」（『三代実録』元慶三年（八七九）正月三日条）とあって、ここでも少年期に真言を受学していることが強調されている。これらからも、「綜芸種智院式」が提示したような三教を学ぶことは、弟子に要請されていないとみることができる。

真済と真雅は、空海の高弟であるが、真言宗の中心的指導僧であるゆえに、より高度な密教理解が求められ、開放的な方向づけがなされなかったと解することができる。その点から、結縁灌頂に開放性の残存形態をみせつつも、伝法会はより密教に特化していく方向性をたどったことになる。こうして教団としての立場が鮮明に確認できるのである。

まとめ

以上、綜芸種智院の創設をめぐる問題と「綜芸種智院式」の特色から、綜芸種智院廃絶および非開設論をめぐる研究状況を手掛かりに検討してきた。「綜芸種智院式」が提示された背景およびその意義を論じ、「実恵奏状」が有する問題点を分析することで「綜芸院」を位置づけることができた。「綜芸種智院式」の理想像を具体化した存在が綜芸院であり、廃絶に至る間、困難な状況におかれた中で、弟子たちがその運営に苦心したところを確かめることができたのではないかと考える。空海の理想を受けとめる過程で、教団としての存続と教学の継承という問題が提示されたことが、廃絶・大山荘購入・伝法会へと続くながれでもあった。

このような意味において、「実恵奏状」が荘園に依拠する東寺の経済的基盤を支えていくことを明らかにし、伝法料を確保するための新たな方向性を明示していくものと捉えることができる。こうして、「有終の美をかざることはできなかった」ということではなく、次の時代につなげる役割を果した点で、綜芸院の問題を理解し直すことが可能となるのではないだろうか。「綜芸種智院式」には「始有って終無く、人去って跡穢れたり」という例をあげているが、こうして終わりを提示して、次代につなげた意義を確認することもできる。しかしながら、そこには「綜芸種智院式」が明らかにした総合教育や庶民をも対象とするという教育史的意義は、その実を失うことにもなった。

しかし、「綜芸種智院式」の歴史的継承として捉え返した場合、伝法という新たな方向性を獲得することで、教団としての役割を受け持つことになったともいえる。さらにいえば、「綜芸種智院式」が『性霊集』補闕鈔に残され、『東宝記』に「実恵奏状」が記録・保存されたことには、すぐれた空海の教育観が、真言宗門において理解されていく意義を後世に伝えることにもなった。これらのことから、綜芸種智院の教育の意義が、今日に蘇るべき糸口を与えたのであった。

註

（1）『弘法大師空海全集』第六巻所収、筑摩書房、一九八四年。

(2) 薗田香融「綜芸種智院　并序」、日本古典文学大系『三教指帰・性霊集』解説、岩波書店、一九六五年、のち久木幸男・小山田和夫編『論集空海と綜芸種智院』所収、思文閣出版、一九八四年。
(3) 宮坂宥勝「遍照発揮性霊集」、『弘法大師空海全集』第六巻解説（註(1)前掲書）。
(4)『三教指帰・性霊集』解説、日本古典文学大系、岩波書店、一九六五年。
(5)『東宝記』第六「講説等條々」（続々群書類従　第十二巻）。
(6) 高橋俊乗「綜芸種智院について」、『哲学研究』第八七号、一九二三年、のち『論集空海と綜芸種智院』所収（註(2)前掲書）。
(7) 薗田香融、前掲註(2)論文。
(8) 柳井滋「綜芸種智院と藤原三守」、『国語と国文学』第五四巻第一一号、一九七七年、のち『論集空海と綜芸種智院』所収（註(2)前掲書）。
(9) 良吏については、吉村茂樹『国司制度崩壊に関する研究』東京大学出版会、一九五七年、佐藤宗諄『平安前期政治史の研究』、東京大学出版会、一九七七年、等参照。
(10) 吉備真備の『私教類聚』については、宮田俊彦『吉備真備』吉川弘文館、一九五一年を参照。二教院については、桃裕行「上代に於ける私学」、桃裕行著作集第一巻『上代学制の研究』〔修訂版〕所収、思文閣出版、一九九四年、初出は一九四一年、参照。
(11)『日本高僧伝要文抄』第三、「芸亭居士」。
(12) 桃裕行、前掲註(10)書、四六四頁。なお、石上宅嗣の史料をまとめたものに『石上宅嗣卿』、日本教育史基本文献・史料叢書一二、大空社、一九九二年、初版は一九二〇年。
(13) 井上光貞他校訂『律令』、学令補注（土田直鎮氏執筆）、日本思想大系3、岩波書店、一九七六年、五九四頁。

(14)　王炳照主編『中国古代私学与近代学校研究』中国・山東教育出版社、一九九七年、二六頁。
(15)　王志民・黄新憲『中国古代学校教育制度考略』中国・首都師範大学出版社、一九九六年、一二四頁。
(16)　毛礼鋭主編『中国教育史簡編』中国・教育科学出版社、一九八四年、一一三頁。
(17)　趙文潤主編『隋唐文化史』中国・陝西師範大学出版社、一九九二年、四〇頁。
(18)　拙著『日本仏教救済事業史研究』永田文昌堂、一九九三年、第二部第二章「最澄の伝道者養成と社会的実践」参照。
(19)　『類聚三代格』巻二「年分度者事」。
(20)　最澄と空海の教団観の相違については、拙稿「平安初期の年分度者について」、山田明爾教授還暦記念『仏教文化研究』所収、永田文昌堂、一九九八年参照。なお、最澄と空海の教育観の相違については、古くは佐々木月樵氏が「伝教の主義は、山修山学にして専門的なりき、弘法の意見は、市修都学にして兼学的なりき」と述べている(「『山家学生式』と『綜芸種智院式』」、『日本の文明と仏教』所収、大鐙閣、一九一九年、のち『論集　空海と綜芸種智院』所収、(註(2)前掲書)。
(21)　拙稿「最澄と空海」、池田英俊・芹川博通・長谷川匡俊編『日本仏教福祉概論―近代仏教を中心に―』所収、雄山閣出版、一九九九年。
(22)　新村拓『日本医療社会史の研究』法政大学出版局、一九八五年、六〜七頁。
(23)　柳井滋、前掲註(8)論文では、藤原氏の施薬院、勧学院等に何がしかの公共性を持っていて、そこに、綜芸種智院との共通性があるとされた。
(24)　「神亀五年七月廿一日勅」(『類聚三代格』巻四)、『続日本紀』天平二年三月二十七日辛亥条の太政官奏等参照。吉備真備については、桃裕行、前掲註(10)書、三八頁。
(25)　久木幸男「空海」、井上久雄編『日本の教育思想』所収、福村出版、一九七九年。

(26) 中村元編『佛教語大辞典』東京書籍、一九八一年、三六八頁。
(27) 道教伝来およびその広がりについては、下出積與『神仙思想』吉川弘文館、一九六八年、松田智弘『古代日本道教受容史研究』人間生態学談話会、一九八八年、参照。また、古代文献と道教思想の関連については、福永光司『道教と古代日本』人文書院、一九八七年、をはじめとする一連の著作等参照。
(28)『律令』選叙令補注(土田直鎮氏執筆)、五九七頁(注(13)前掲書)。
(29) 桃裕行『上代学制の研究』第二章「平安時代初期の大学寮の隆盛と大学別曹の設立」(註(10)前掲書)。
(30) 久木幸男『日本古代学校の研究』玉川大学出版部、一九九〇年、第一一章第一節「綜芸種智院の民衆的性格とその限界」)。
(31)『類聚三代格』巻二「経論并法会請僧事」、弘仁十四年十月十日、太政官符。
(32) 柳井滋、前掲註(8)論文。
(33) 久木幸男、前掲註(29)書、九三頁。
(34) 和田秀乗「空海と学校教育」、『大学時報』第一五七号、一九八一年、のち『空海と綜芸種智院』に所収(註(2)前掲書)。
(35) 高橋俊乗、前掲註(6)論文をはじめ、多くの論がある。また、薗田香融、前掲註(2)論文では、綜芸種智院が理想に過ぎたために、当時の社会状況に適合しなかったとする。
(36) 久木幸男、前掲註(30)書、四五六頁。
(37) 久木幸男、前掲註(30)書、第一一章第一節「綜芸種智院の民衆的性格とその限界」。
(38)『類聚三代格』巻七「天長元年八月二十二日太政官符」。
(39) 武内孝善『空海伝の研究—後半生の軌跡と思想—』吉川弘文館、二〇一五年、三三四〜三三五頁、初出は二〇一四年。

(40) 同右、三四一頁。
(41) 和田秀乘、前掲註(34)論文。
(42) 兵庫県史編集専門委員会編『兵庫県史　史料編』古代1、兵庫県発行、一九八四年、三七一頁。
(43) 丸山幸彦「官省符と基準国図―延喜荘園整理令の一側面―」、小葉田淳教授退官記念事業会編・発行『国史論集』所収、一九七〇年。
(44) 伊藤邦彦「大山荘・承和一二年『民部省符案』をめぐって」、『月刊歴史』(東京都立大学人文学部歴史研究室)第二九号、一九七一年。
(45) 大山喬平「内乱と武門の登場」、『兵庫県史』第一巻・第八章第一節、一九七四年、七七〇頁。
(46) 水野章二「平安期の開発と領域支配」、大山喬平編『中世荘園の世界　東寺領丹波国大山荘』所収、思文閣出版、一九九六年。
(47) 伊藤邦彦、前掲註(44)論文では、十世紀頃の関係文書から「民部省符案」の所在を確認したが、宮川満編『大山村史』史料編(丹南町大山財産区発行、一九六四年)に所載の文書にある寛弘六年(一〇〇九)十月「東寺伝法供家牒」(一〇～一二頁)、康和二年(一一〇〇)五月「官宣旨案」(二六～二七頁)などで、「承和十二年九月十日」の「官省符」の所在を記し、後者には「実恵奏状」の文言もみられる。
(48)『東宝記』については、続々群書類従第十二巻、および東宝記刊行委員会編『国宝　東宝記　紙背文書影印』東京美術、一九八六年等参照。
(49) 訓読にさいしては、『兵庫県史　史料編』古代Ⅰ、および武内孝善、前掲註(39)書を参考にした。
(50) 拙著(註(18)書)第二部第三章第三節「綜芸種智院以後」で、『続日本後紀』承和四年(八三七)八月丙申条にある「諸国講読師」の記事、同承和四年九月、同五年九月、同六年四月に「不予」に関する記事がみられることを述べた。

(51) なお児堀功氏は、空海には綜芸種智院を「同志集団の共同運営、国家的支援」とする構想があったと、「綜芸種智院式」の記述から提示されているが、ここに「私に」とあることで、この構想が実現しなかったとみることができるが、私的建立であることで開設に至らないとすることにはならないのではないだろうか(児堀功「綜芸種智院の構想と実態」、『日本歴史』第七〇六号、二〇〇七年)。

(52)『東宝記』巻六「講説等條々」には「外葉」とあるが、いずれも意味するところは不明である。

(53) 鎌田正・米山寅太郎『大漢語林』大修館書店、一九九二年、八八三頁参照。

(54)『東宝記』巻六「講説等條々」に「実恵奏状」が残され、「伝法会これに始まる」と記されたことで、綜芸院と伝法会とのつながりが考慮されたとみることもできる。

(55) 武内孝善、前掲註(39)書、三四一～三四三頁。

(56) 拙著(註(18)書)第二部第三章第三節参照。

(57)『類聚三代格』巻二、「経論并法会請僧事」。なお、新訂増補国史大系『類聚三代格』前篇において、「承和二年正月廿三日符」には、「弘仁十四年十一月」とある旨の註が記されている(同書五六頁)。

(58)『類聚三代格』巻二、「年分度者事」・「応に真言宗に年分者三人を度すべき事」。

(59)『類聚三代格』巻二、「修法灌頂事」・「国家の為に東寺に於いて真言宗伝法職位を定め并びに結縁等灌頂を修すべき事」。

終　章

第一章から第六章まで検討を重ねてきたが、序章において問題提起したいくつかの事項について考えていくために、本書で述べてきた諸問題について、ここで改めて振り返っていくことにしたい。

全六章の振り返り

筆者は、先行研究をふまえて、福祉思想と実践に一定の定義づけを試み、その枠組みのなかで、古代仏教の史的展開においてどのように意義づけられたかを検討してきた。

そこを起点にして考察するべく、第一章においては、福祉思想への手がかりを得るために、「平等の人間観」および「人間性への理解」という視点を提示したのであった。正しく人間性を理解し、その限界点をふまえることこそ、仏教が提示するところである。ここで検討対象とした憲法十七条は必ずしも仏教を全面に押し出すものではないが、その一端において人間の限界点を指し示し、人間の平等性に踏み込んだ点で、福祉実践を担うための礎である人間観を明らかにしたのである。

第二章にあっては、障がいへの差別観について『日本書紀』の記述から分析しようとした。そこには、いくつもの限界状況がみられるが、「身皆斑白」なる人の「才」を掲げることで、差別から受容への転換があったとする見解を提起した。それは、今日的にみれば受容への転換とは言いがたいレベルにあることは確かである。障がいをあるがままに受け入れられない障がい観は、批判されるべきであり、克服されるべき課題である。しかしその一方で、古代の史書『日本書紀』の編纂にあっては、「才」に着目することで、受容への手掛かりを得ようとしたことも確かであり、同書編纂時におけるひとつの到達点でもあった。この到達点を見定めてこそ、現代社会の差別克服の論理形成のみならず、障がいへの理解を促す契機となることを願うものである。

またそこから導かれることは、障がいを受容していくために必要ないくつもの段階を提示しているようにも思われることである。そうした段階を史料の上で確認する作業もまた必要ではないかと考える。

第三章では、行基集団への女性参加を扱った。行基に関する福祉実践の意義は多方面から議論され、史料上の検証も進んできている。その研究史を掲げるだけで、一書をなすといっても過言ではない。それだけ多くの成果が蓄積されたのは、苛酷な税収奪の下で課役民のおかれた状況に寄り添う行基の立場が、史料の中に顕在しているからである。むろん、現在の研究レベルは、そうした素朴な行基観では解けない状況があることはいうまでもない。律令国家体制の下での僧尼のありようと、地域社会の権力構造とを包括的に議論していくことが必要になっている。そうした研究状況にあって、福祉実践という視点だけでは、さまざまな軋轢に苦しむ人びとの問題に近づけないところがあるかもしれない。

一方、律令体制にもとづく権力支配にあって、その体制の内と外にまたがってさまざまな局面でその存在感を提示してきたのが女性であったともいえる。律令制下の女性は課税の対象から外れていたとされるが、律令制に規定された家族の一員として班田を与えられていたことで体制の内にある存在でもあった。そうした女性像が提示されているなかにあって、行基集団においてどのような位置にあったかが問われるところである。

この第三章において分析した問題点は、すでに明らかにしたとおりであるが、実践の広がりに関与しながら、行基集団内での指導的尼僧が確認できないところがあった。ここにも、律令制という枠内に留まる行基集団の限界ともいうべきところが見出される反面、『日本霊異記』に描かれた行基と関わった女性たちには、積極的な法会への参加など、篤信なる行動形態が提示されている。この点に、歴史資料には見えない女性参加の意義があるともいえる。そこには『日本霊異記』編者の牽強付会的な解釈が入り込んでいる側面もあるが、法会をとおしての行基と篤信女性の交流の場が所在していたという伝承に着目すべきであろう。

第四章では、その女性としては当代最高権力の位置にあった光明皇后を検討対象に、福祉事業という位置づけで検討した。光明皇后は、東大寺・国分寺造営や、施薬・悲田両院の創設など、この時代の指導者としての立場を遺憾なく発揮した。その東大寺大仏への財宝の喜捨が「国家珍宝帳」に示されている。その「捨」に仏教理解の一端をみることができると提起した。その「捨」には「太上天皇の奉為」であるとすることで疑問も出されるであろうが、「捨」して仏前に礼拝し、「妾は聞く」と自らを主語として願文を構成していくところに、主体的な立脚点が見出される。そして、そこに記述されたところは、現世を見つめ直し、済世への願いへと導かれる点がある。それらが、現実的な権力基盤の安定化を志向しているに過ぎないという結論も容易に提示できるであろうが、積極的な「捨」への行動はそうした解釈に留まらず、自らがおかれた現実をふまえる観点があって可能となるのではないか。そこに仏教から導かれた人間観・社会観が内包されていたとみることができる。ただし、それは安易な礼賛ではなく、現代的な理解につながる原初的な段階とみるべきであり、こうした段階が歴史上に幾重にも積み上げられることで、共有されていくであろうという見通しから理解していくべきではないかと考える。

こうした観点が内包されていたから、施薬・悲田両院を具体的に進展させることができ、天平期の諸問題の渦中から導かれた仏教理解に基づく事業とすることができる。

第五章は、最澄の福祉思想と題して検討した。ここでは『山家学生式』および『顕戒論』を題材に分析を進めた。天台教団の独立へと導く過程で、後継僧養成を如何に進めるかという課題が、「利国利人」の立場や「国家衛護」への願いなどと関わりながら、福祉思想を構成していったことを提起した。特に、梵網経を根拠とする慈悲観には、最澄独自ともいうべき「己を忘れ他を利する」(忘己利他)という地平が提示されていた。その実践的な態度には、福祉思想を体現する主体者の立脚点ともいうべきところが見出される。

このような態度を明示していくことは、単に梵網経に依拠してそれを深めていくというレベルでは解き明かせぬ、最澄の苦悩と自己凝視があってこそ到達したところではなかったか。それは当該箇所でも述べたように、最澄一人の思想的営為だけではなく、和気氏をはじめとするさまざまな支援者とともに積み上げられたところでもあった。そうしたことから、災害が絶えない社会状況や南都仏教界との軋轢など困難な課題と向き合って築かれたものであり、そこに最澄の人間観・社会観が反映されているとみることができる。

第六章は、空海と綜芸種智院の問題を取り上げた。綜芸種智院の開設を疑う学説が登場したことから、これらの説に対する筆者なりの疑問点を提示した。残された史料が少なく、実態としてどこまで機能していたのかは、従前から議論されていた。平成十二年(二〇〇〇)以降相次いで提起された疑義について、再度史料を紐解き、その研究史を洗い直して、検討を加えてみた。筆者が既に提起したように、綜芸種智院の廃絶は伝法会への道筋を用意するもので、東寺が古代的な教団から荘園制を経済基盤とする中世的な教団へと変化していく必要な道筋であった。したがって、教育史の上で特色ある位置を獲得している「綜芸種智院式」について、実態としてどう機能したかを問うことは、このような東寺の転換点に照らし合わせて考えるべきである。その意味において、筆者は綜芸種智院売却の史料を重視し、そこに記されていた綜芸院の名称が、院の存在を証明するものであったと提起したのであった。

つまり、教育の理想を説いた「綜芸種智院式」と実際に存在した綜芸院とを明確化することが、本章の説くところであった。そして、綜芸院の売却と大山荘購入により、「綜芸種智院式」が説いた理想は実を失うことになった。もとより厳しい状況にあったことは史料から十分に窺えるゆえに、この転換は歴史的な必然性が内包されていたといえよう。同時に、その理想とするところが、史料の上で今日に伝えられたこと、そしてその議論を可能にさせた意義は、軽視すべきではない。

以上、全六章にわたって述べてきたところを振り返り、それぞれの章で確認した事項を改めて述べてみた。

人間観・社会観から捉え直す

そこで、次に序章において提起した古代仏教における福祉思想と実践の意義を考えてみたい。序章では、先学の議論をふまえつつ、本書が明らかにすべき課題を考えてみた。特に、仏教の福祉思想と実践を論じていくにあたって、長谷川匡俊氏がその著書の中で組み立てられた柱を、本書のなかで検証してみたいと思う。

長谷川氏は、人間観・社会観・援助観、実践の主体的契機等を視点に織り込んでいくことを提起し、その視点に従って論証された。このような観点を明示したのは、前近代にあっては十分な社会的な視座が確立されておらず、個々人が有する態度や実践に依拠するところが少なくないため、適切な歴史的評価につながっていかない側面が多々みられたからである。そうした側面を克服していくための視点が、これらの観点であった。本書においても、長谷川氏の提起を受けて、これらについて意を用いて分析を試みた。

無論、日本古代を対象とするゆえに、史料上の限界もあり、主体的な契機に踏み込むことには難しい側面もあったが、本書で取り上げたそれぞれの領域において、時代状況と向き合い、必要な援助のあり方を模索するところは提示できたのではないかと思う。そこに、人間観に基づく実践があり、社会観に依拠した思想的営みが積み上げられてきたといえるであろう。

例えば、先述した憲法十七条にみられる仏教理解から導かれた人間観が提示されていた。これはいわば人間の限界性を自覚することで、平等の人間観へと連なる意義が見出される。そうした点に古代仏教が示すことのできた地平ともいうべきところがある。この人間観を起点に、第二章にあっては、障がい観についてその限界と時代状況との関連性を考え、第三章では、行基集団における女性参加を主題とすることで、人間観の一端を明らかにしようとした。第四章では、光明皇后の立脚点を仏教との関わりから考えることで、この問題への見通しを考えてみた。第五章では、最澄の人間観を慈悲への理解において考え、「利国利人」につながる実践の意義として捉えてみた。第六章は、空海の綜芸種智院式の分析から、総合教育の重要性、庶民への教育を視野に入れている点などからその人間観を捉えることができるとした。

こうした各章で述べた人間観は、仏教を基礎とすることで、困難な状況をどう克服するかという問題意識が、それぞれの福祉思想と実践を貫いているといえる。そこに、仏教が内包している福祉思想とその実践を意味づける要点を捉えることができるであろう。

次に社会観について考えてみたい。第一章では、人間観への考察は可能であったが、史料上から社会観への踏み込みは難しかった。第二章では、渡来系の人びとの技術等を受け入れていくという時代状況が背景にあり、そうした技術集団を必要とすることから障がいを受容するという社会的な要請に応える意味において、社会観ともいうべきところが窺われる。だが、時代的・社会的要請に基づくことでの受容は、障がいへの普遍的な理解がどう導かれるかが問われないことになる。そこに先述したような限界点があり、その課題は現代までつながっているといっても過言ではない。

第三章の行基集団は、時代状況から畿内各地での開墾がその活動を広げてきたといえる。その広がりから女性参加が必要となった点は否めないことである。しかし、それが労働力としてだけではなく、尼院の建立等から集団内に一定の役割があり、尼僧の活躍の場が意味づけられていた。そこに、女性参加が社会的要請に応えることで、その地位を確かなものとさせたといえるのである。

第四章の光明皇后は、律令制の苛酷な社会状況を生み出した権力側に位置した人物であるが、施薬・悲田両院の社会的役割を述べたように、貧乏・困窮の徒を救済していこうとする事業へと導いたことで、社会状況に配慮していこうとするところがあった。ここに社会観の一端を見出すことができるが、そこには先にも述べたように権力維持・体制維持の側面を否定できないところはあるだろう。ただ、そうした点に拘泥すると、光明皇后の人間観から導かれる社会観は希薄となり、福祉事業としての意義を見出しがたくなる。

第五章の最澄の「利国利人」を支える福祉思想には、先述のとおり和気氏などの良吏の活躍に支えられて、提示されたところがある。後継僧養成という最澄自身の課題を社会的なところへとつなげたことに、その思想が意味を持ったといえる。こうした点において、支援者との関わりを通じて福祉思想を構築していく社会観があった。

第六章では、空海が綜芸種智院の創設を考えた理由が、学びの場をつくることにあったことを述べた。それは社会的要請というよりも、空海自身がそうした要請を生み出していこうとする先駆的な試みであった。学びの場を求めるニーズが存在していたことは確かであったが、社会的なレベルにまで達していなかった。そこに切り込んだことは、自らの体験が背景にあり、それを実現していこうと、一定の提起をして、何らかの変化を促そうとする社会観が現われていたように思われる。

以上、人間観・社会観に関わる問題について全六章を振り返ってみた。こうして改めて考えていくなかで、福祉思想とその実践について捉え直してみると、そこには、社会的により困難な課題を担う人びとのニーズに応えていくところが共通して浮かび上がってきている。それぞれの立場から課題に向き合うことから実践が生まれ、それを支える思想が構築されていくという理解が可能である。ここに、日本古代仏教における福祉思想と実践の意義が明らかにされているといえよう。

しかし、こうした理解のレベルでいいのだろうかという疑念もある。というのも、序章で述べたように、仏教社会福祉の立場から問題点を指摘された中垣昌美氏や高石史人氏の論があるからである。

中垣氏は序章でも紹介したように、本書で述べてきた前近代の仏教徒の活動に慈善・善意・奉仕等の行為が美徳化される懸念を表明され、「社会的諸問題と規定するには程遠い」レベルにあるとされ、「組織的社会的施策」は近代社会成立以後との見方を提示された。そこには、近代社会とともに発展してきた資本主義生産の矛盾と相対する方向から成立した社会福祉の理念が、この矛盾に対応できる施策・実践であるという視座が前提にある。社会福祉の成立発展の歴史的推移は確かにそのとおりであり、それ以前は施策も実践も未成熟の段階であり、社会問題としてどこまで顕在化していたのかという疑問はある。

しかしその一方で、かつて吉田久一氏は、「明治以降一二〇年の資本主義社会の社会福祉思想だけで、一〇〇〇年に余る国民生活の経験である福祉思想を見ることはできない」(1)という問題を提起した。それは、近代以降の理論と実践から資本主義の諸矛盾と対決していくのは不十分ではないのかとする見解でもある。そこには前近代の伝統と積み上げられてきた福祉思想と実践の底流を見出していくことを提示しているのではないかと考える。それゆえに、前近代から近代への連続性を問いかけていく議論が、これまで練られてこなかったという研究上の問題があったというべきであろう。吉田氏は別のところで、「連続」には単なる「模倣」や「リアクション」ではなく、「厳しい否定が要求される」と述べている(2)。その提起には、前近代のさまざまな文化を継承することとそれを克服していくことにおいて、厳しい問いかけと綿密な史料上の検証を経ての議論が求められるということであろう。

こう考えたとき、社会的諸問題に対する捉え方が未成熟で、組織的・系統的な実践が不十分な前近代にあって、それぞれにおいて現出した困難な課題に向き合うところを分析・考察・評価していくことは、千年余の日本の福祉思想を照らし出すためにも必要なことである。この長い歴史を拠り所とすることで、もう一方に近代思想からでは明らかにできなかった地平が提示されることになるのではないだろうか。

こうした観点に立って古代仏教の福祉思想と実践を捉え返したとき、組織性や社会性に未熟な点を残していることは否定しがたいが、それらを検証しつつ、問題点を洗い出して人間観・社会観に迫っていくべきではないかと考える。

例えば、光明皇后のところで述べたように、その思想と実践には、権力維持の側面と仏教理解から導かれた「捨」の側面が存在する。この「捨」に、福祉事業を導く意義があることを明らかにしたが、それは権力基盤に立ってのことと捉えるか、どこまで福祉事業に内包された仏教理解と捉えるかという分岐点が存在する。筆者は、その議論に拘泥せず、仏教理解に支えられた福祉事業であることで、権力の頂点にあった者が福祉思想へと接近し、権力者としての自戒と社会の安定化に必要な施策への配慮を求めてきたことと提起したのである。そこには、自らの地位への否定はみられないが、現世への反省が内包されていた。こうしたところを積み上げることで、後世への何らかの影響力が芽生えてくることになるのではないか。こうした点から、前近代を問う意味があるのではないだろうか。

次に、高石史人氏の仏教福祉論への批判について考えてみたい。序章で述べたように、高石氏はこれまでの仏教福祉に関わる研究への批判点を述べ、その批判から「信の社会的立場」を提起し、その立場から「人間の尊厳と平等な世界を切り拓く固有の人間観、社会観を視座」とすべきとした。ここには、仏教福祉論を構築するための枠組みを示したと考える。この枠組みを実際に研究対象としていくための方法論が、そこにあるともいえよう。とりわけ、高石氏が疑義を述べた「仏教教説を上位概念としての「福祉」に適当に結び合わせて」という方法論には、これまでにみられた仏教福祉論への警告でもあるといえる。それだけに「信の社会的立場」は、どのように論を組み立てていくべきかが問われるところである。とくに、先にも述べたように、人間観・社会観を柱とすることで、この二つの観点に重要性があることがわかった。

とすれば、福祉思想とその実践に関わった人物なり事業について、こうした人間観・社会観をとおして検証していくことが求められるのである。その観点が、その後の研究にも影響を与える意義を有していた。したがって、高石氏が提起したところは、仏教福祉論が、教説の上書きではなく、思想・実践の内実を、人間観・社会観をとおして構築されるべきとしたのであった。それは、研究方法上の基本的手続きとして、まず了解されるべきところであろう。

しかし、高石氏が提起するところは、そうした研究方法論の問題ではない。その著書の随所で述べているように、近代の西本願寺教団にみられた世俗の論理への埋没を批判的に考察し、そこに体制補完に陥るところを指摘したのであった(3)。そうした問題と向き合わずに仏教福祉論を展開することへの疑義が、人間観・社会観を問いかける問題提起となったのである。

こうした高石氏の批判論について、本書が述べてきたところと照合していくと、先述した全六章にあって、どこまで人間の尊厳性、平等な世界観に裏づけられているかは、さらに議論と検討が必要かも知れない。日本古代という時代状況に福祉を取り込んでいくことには史料上の限界があり、近代思想の立場から接近することと比べて多くの問題点を含んでいる。先の光明皇后の例もしかりであり、「国家衛護」を視野に入れた最澄もしかりであろう。古代社会にあっては、権力を体現する国家と対峙していくという近代の思潮に沿った観点から捉えていくことは難しい。そのような意味からすると、本書が問いかけた諸問題は、権力に埋没していく危うさがあると指摘されるかもしれない。

しかしながら、先の吉田久一氏の提起を考えると、そうした近代以降に獲得された思想から問いかけるだけでは、捉えきれない問題が含まれているのではないだろうか。そこには、権力を体現する国家像からではなく、人びとが暮らし生活を営むところを見据えていたところから日本古代仏教の福祉思想と実践があったというべきであろう。これが、吉田氏の提起にある「一〇〇〇年に余る国民生活の経験」であるともいえるのではないだろうか。

もとより日本古代を対象とする本書では、千年余りを集約できるものではない。今後、多くの方々の研究が輩出され、さまざまな困難な課題に向き合った福祉思想とその実践による人間観・社会観が検証され、議論が深められていくために、本書がひとつの踏み台となることを願うことである。

註

（1）吉田久一『日本社会福祉思想史研究』川島書店、一九八九年、一四頁。
（2）吉田久一・岡田英己子『社会福祉思想史入門』勁草書房、二〇〇〇年、二一〇頁。ここでの吉田氏の議論は、二十一世紀への「連続」に関する課題を提起することから示された問題設定であるが、前近代から近代への連続性にも問いかけるべきところであると考える。
（3）高石史人『仏教福祉への視座』永田文昌堂、二〇〇五年、二二八頁。

あとがき

本書の主題は、筆者が学部・大学院時代から学んできた日本古代仏教史に端を発している。卒業論文・修士論文で行基をテーマに執筆し、その後の教員時代に研究論文を書き進めてきたが、その前半はこの主題のもとで論を積み重ねてきた。

この古代仏教史研究から仏教社会福祉研究へと歩を進める中で、近代以降の社会福祉問題への重要性に気づかされ、また近代以降の貴重な思想と実践の展開にも目を向けていったため、久しく古代仏教史への注目は怠りがちであった。しかし、この領域の魅力的なところは、史料解釈を深められること、先行研究からの多大な示唆を得られることがあり、近代以降への問題関心とともにわずかではあるが、原稿をいくつか投稿してきた。

十六年間勤務した皇學館大学社会福祉学部を定年退職する折に、同大学の出版助成を頂いて『宗教と福祉の歴史研究』（法藏館、二〇一三年）を上梓し、研究生活に区切りをつける予定であった。しかし、「教員に定年があっても研究に定年はない」という胸の内から出る思いは断ちがたく、種々思いを巡らしてきた。そのときに論を起こすきっかけとなったのが最澄の「悪事を己に向へ、好事は他に与へ、己を忘れ他を利するは慈悲の極みなり」であった。

仏教の慈悲観を最澄自らの立場で説いたその言葉は、社会福祉実践の基礎ではないかと、何度となく講義で述べてきた。思いつきのような講義での発信であったが、十分に掘り下げたものとなっていないことへの自責の念もあった。定年後でしかも講義がなくなった段階で、この言葉を自分なりに捉え直そうと思い立ったのであった。定年を一年ほど過ぎた頃であろうか。龍谷大学大宮学舎の図書館に週一〜二回ペースで通いながら『顕戒論』なども読み返し、先行研究を探索し、執筆していった(本書第五章)。もとより発表する当てもなかった。在職中は原稿締切に追われ、不十分な状態が続いたが、ここでは、誰にも読まれることのない論文を書くということでもあった。

今思えば、こうした孤立したなかでの作業ではあったが、当時、私にはいくつもの研究できる環境が揃っていたことも確かであった。皇學館大学を定年退職する前後から、櫻井治男先生、新田均先生による「皇室と福祉研究会」に加えて頂き、あわせて「学校法人皇學館・篠田学術振興基金」の助成を頂いて明治期の災害と恩賜金をテーマに史料調査を手掛けていた。この共同研究は、「近代の災害援助支援と政府・皇室・宗教の役割に関する実証的研究」として科学研究費助成事業(二〇一七年四月〜二〇二〇年三月)を受けるに至っている。

また、大乗淑徳学園理事長の長谷川匡俊先生のもとで、同学園長谷川仏教文化研究所の「現代仏教教団の社会福祉事業」の研究プロジェクトに参加させて頂き、天台系および南都系教団の福祉事業を調査し、さらに引き続いて「戒律の福祉思想研究会」にて研究発表の機会を頂いている。

こうした折りに、平成二十七年(二〇一五)種智院大学に着任する機会に恵まれたことは、まことにありがたいご縁であった。同大学は、筆者にとって研究者として本格的に歩を進めることができた恩義のある大学である。このご縁を賜った村主康瑞学長、児玉義隆副学長、佐伯俊源人文学部長はじめ、諸先生方、職員の皆様には日々感謝の念が尽きないことである。

こうして、多くの方々のご芳情を賜って、研究を進める上での有益な環境をつくって頂いたのである。そしてここに至るには、仏教史研究から仏教社会福祉研究への道筋をご教示頂いた先生方に感謝の意を申し上げなければならない。学部・大学院でご指導頂いた二葉憲香先生、仏教福祉への道をご提示下さり研究者としての歩みを確かにして頂いた木村武夫先生、研究上の詳細にわたってご助言を頂いた朝枝善照先生、いずれも故人となられたが、その学恩は高く深い。さらに、『日本社会福祉法制史年表』（永田文昌堂、一九八八年）および『近代福祉法制大全』（全八巻、港の人、一九九九～二〇〇〇年）を通じて社会福祉史の領域へと導いて下さった桑原洋子先生、『仏教社会福祉辞典』（法藏館、二〇〇六年）編集によりその学問領域の深さをご教示下さった中垣昌美先生、吉元信行先生には、筆者の研究領域を確かにさせて頂いたことである。

こうしてご厚情溢れるご教導を賜り、浅学菲才の筆者に光明を照らして頂いたことが、大学卒業後、半世紀近くとなる今日まで、ささやかながら研究という道を歩んでくることができたのだと実感している。

定年から五年を経て、ようやく一書にまとめることができた。出版にさいしては、三十年余りにわたって励ましと助言を惜しまれなかった根本誠二先生のご厚意により、岩田書院・岩田博氏を紹介して頂いた。根本先生には研究への道筋を見失いがちな折りに、執筆の機会をつくって頂いた。これにより、本書の骨格が構成されていったのである。また、岩田博氏には、定期的に送付頂いている「新刊案内」をとおして、その出版方針に共感するところが多く、岩田氏のもとで出版させて頂ければ望外の幸せと考えていた。

以上、多くの方々に支えられ、導かれてきたことであった。ここに万謝の念を表し、心からの御礼を申し上げる次第である。

戊戌歳　初夏

宮城　洋一郎

初出一覧

本書を構成している各章および節の初出は、次のとおりである。いずれも本書刊行に当たり、加筆・修正をしている。

序　章　新稿

第一章　憲法十七条の人間観―第十条と第十四条が提示するもの―

原題「憲法十七条の知の地平―第十条と第十四条が提示する問題点―」

根本誠二・秋吉正博・長谷部将司・黒須利夫編『奈良平安時代の〈知〉の相関』所収、岩田書院、二〇一五年一月

第二章『日本書紀』における障がい者受容の一齣

原題「『日本書紀』推古天皇是歳条の一考察―障害者受容の一齣―」

日野照正博士頌寿記念論集『歴史と佛教の論集』所収、自照社出版、二〇〇〇年十月

第三章　行基集団における女性参加

第一節　歴史資料からみた女性参加の問題点

原題「行基集団における女性参加の問題点―歴史資料を中心に―」

『龍谷大学仏教文化研究所紀要』第三六集、一九九七年十一月

第二節『日本霊異記』行基関連説話の女性像

原題「『日本霊異記』の行基関係説話について―とくに女性参加の問題点―」

北畠典生博士古稀記念『日本仏教文化論叢』下巻所収、永田文昌堂、一九九八年六月

第四章　光明皇后の福祉事業

原題「光明皇后の福祉事業について」

ザ・グレイトブッダ・シンポジウム論集第九号『論集　光明皇后―奈良時代の福祉と文化―』所収、東大寺発行、法藏館刊、二〇一一年十二月

第五章　最澄の福祉思想

原題「最澄の福祉思想について―『山家学生式』を中心に―」

『平安仏教学会年報』第九号、二〇一六年十月

第六章　空海と綜芸種智院

第一節「綜芸種智院式」について

第二節「綜芸種智院式」の特色

原題「綜芸種智院の世界」

久木幸男編『仏教教育の展開』所収、国書刊行会、二〇一〇年三月

第三節　綜芸種智院と綜芸院

原題「綜芸種智院と綜芸院について―近年の非開設論への疑義―」

『密教学研究』第四九号、二〇一七年三月

終　章　新稿

著者紹介

宮城　洋一郎（みやぎ　よういちろう）

1947年　北海道に生まれる
1976年　龍谷大学大学院文学研究科博士課程単位取得満期退学
2013年　皇學館大学社会福祉学部教授定年退職　皇學館大学名誉教授
2015年　種智院大学特任教授
　　　　博士（社会学・佛教大学）

著書
『日本古代仏教運動史研究』永田文昌堂、1985年
『日本仏教救済事業史研究』永田文昌堂、1993年
『宗教と福祉の歴史研究』法藏館、2013年
（第５回日本仏教社会福祉学会学術賞　受賞）

共編書
『近代福祉法制大全』港の人、2000年
『奈良仏教の地方的展開』岩田書院、2002年
『仏教社会福祉辞典』法藏館、2006年
『戦後仏教社会福祉事業の歴史』法蔵館、2007年
『仏教社会福祉入門』法藏館、2014年
『現代知識　教化講習録』復刻版　不二出版、2016年　ほか

日本古代仏教の福祉思想と実践

2018年（平成30年）11月30日　第１刷 発行　　定価［本体2800円＋税］

著　者　宮城 洋一郎

発行所　有限会社岩田書院　代表：岩田　博　　http://www.iwata-shoin.co.jp

〒157-0062 東京都世田谷区南烏山4-25-6-103　電話03-3326-3757 FAX03-3326-6788

組版・印刷・製本：亜細亜印刷

ISBN978-4-86602-060-0 C3021　￥2800E

コピーOK

岩田書院 刊行案内（27）

			本体価	刊行年月
026	北村　行遠	近世の宗教と地域社会	8900	2018.02
027	森屋　雅幸	地域文化財の保存・活用とコミュニティ	7200	2018.02
028	松崎・山田	霊山信仰の地域的展開	7000	2018.02
029	谷戸　佑紀	近世前期神宮御師の基礎的研究<近世史48>	7400	2018.02
030	秋野　淳一	神田祭の都市祝祭論	13800	2018.02
031	松野　聡子	近世在地修験と地域社会<近世史48>	7900	2018.02
032	伊能　秀明	近世法制実務史料 官中秘策<史料叢刊11>	8800	2018.03
033	須藤　茂樹	武田親類衆と武田氏権力<戦国史叢書16>	8600	2018.03
179	福原　敏男	江戸山王祭礼絵巻	9000	2018.03
034	馬場　憲一	武州御嶽山の史的研究	5400	2018.03
037	小畑　紘一	祭礼行事「柱松」の民俗学的研究	12800	2018.04
038	由谷　裕哉	近世修験の宗教民俗学的研究	7000	2018.04
039	佐藤　久光	四国猿と蟹蜘蛛の明治大正四国霊場巡拝記	5400	2018.04
040	川勝　守生	近世日本石灰史料研究11	8200	2018.06
041	小林　清治	戦国期奥羽の地域と大名・郡主<著作集２>	8800	2018.06
042	福井郷土誌	越前・若狭の戦国<ブックレットH24>	1500	2018.06
043	青木・ﾐﾋｪﾙ他	天然痘との闘い：九州の種痘	7200	2018.06
045	佐々木美智子	「俗信」と生活の知恵	9200	2018.06
046	下野近世史	近世下野の生業・文化と領主支配	9000	2018.07
047	福江　　充	立山曼荼羅の成立と縁起・登山案内図	8600	2018.07
048	神田より子	鳥海山修験	7200	2018.07
049	伊藤　邦彦	「建久四年曾我事件」と初期鎌倉幕府	16800	2018.07
050	斉藤　　司	福原高峰と「相中留恩記略」<近世史51>	6800	2018.07
051	木本　好信	時範記逸文集成<史料選書６>	2000	2018.09
052	金澤　正大	鎌倉幕府成立期の東国武士団	9400	2018.09
053	藤原　　洋	仮親子関係の民俗学的研究	9900	2018.09
054	関口　功一	古代上毛野氏の基礎的研究	8400	2018.09
055	黒田・丸島	真田信之・信繁<国衆21>	5000	2018.09
056	倉石　忠彦	都市化のなかの民俗学	11000	2018.09
057	飯澤　文夫	地方史文献年鑑2017	25800	2018.09
058	國　　雄行	近代日本と農政	8800	2018.09
059	鈴木　明子	おんなの身体論	4800	2018.10
060	水谷・渡部	オビシャ文書の世界	3800	2018.10
061	北川　　央	近世金毘羅信仰の展開	2800	2018.10
062	悪党研究会	南北朝「内乱」	5800	2018.10
063	横井　香織	帝国日本のアジア認識	2800	2018.10
180	日本史史料研	日本史のまめまめしい知識３	1000	2018.10
181	増田　和彦	焼畑と森の民	7000	2018.10